Mini BLED

Orthographe en poche

Édition assurée par

Daniel BERLION
Inspecteur d'académie

hachette
ÉDUCATION

Conception graphique
Couverture : Karine NAYÉ
Intérieur : Audrey IZERN

Composition et mise en page : MÉDIAMAX

ISBN 978-2-01-160865-9

SOMMAIRE

Avant-propos 7
Alphabet phonétique 8

La ponctuation

1 Les points 10
2 La virgule 12
3 Le point-virgule – les points de suspension 14
4 Les deux-points – les parenthèses – les guillemets 16
5 La majuscule 18

Le nom

6 Le genre des noms 20
7 Le féminin des noms 22
8 Le pluriel des noms 24
9 Le pluriel des noms propres et des noms d'origine étrangère 26
10 Le pluriel des noms composés 28

L'adjectif

11 Le féminin des adjectifs qualificatifs 30
12 Le pluriel des adjectifs qualificatifs 32
13 Les participes passés employés comme adjectifs qualificatifs 34
14 Les adjectifs et les participes passés épithètes ou attributs 36
15 L'apposition 38
16 Les particularités de l'accord des adjectifs qualificatifs 40
17 Les adjectifs qualificatifs de couleur 42
18 Les adjectifs numéraux 44
19 Les adjectifs indéfinis 46
20 Les accords dans le groupe nominal 48

SOMMAIRE

Le verbe

21 Les verbes 50
22 L'accord du verbe 52
23 Le sujet *tu* – le sujet *on* – le sujet *qui* 54
24 L'accord du verbe : cas particuliers (1) 56
25 L'accord du verbe : cas particuliers (2) 58
26 Les pronoms personnels compléments 60
27 Nom ou verbe ? 62

Le participe passé

28 Le participe passé employé avec l'auxiliaire *être* 64
29 Identifier le complément d'objet direct 66
30 Identifier le complément d'objet indirect 68
31 Le participe passé employé avec l'auxiliaire *avoir* 70
32 Le participe passé suivi d'un infinitif 72
33 Le participe passé précédé de *en* et particularités 74
34 Le participe passé des verbes pronominaux 76

Les confusions à éviter

35 Formes verbales en *-é, -er* ou *-ez* 78
36 Participe passé ou verbe conjugué ? 80
37 Est – es – et – ai – aie – aies – ait – aient / a – as – à 82
38 Tout – tous – toute – toutes 84
39 Même – mêmes 86
40 Quel(s) – quelle(s) – qu'elle(s) 88
41 Sont – son / se (s') – ce (c') – ceux 90
42 Ces – ses / c'est – s'est – sait – sais 92
43 Ont – on – on n' 94

SOMMAIRE

44 C'est – ce sont / c'était – c'étaient / soi – soit – sois 96
45 Si – s'y / ni – n'y 98
46 Sans – sent – s'en – c'en / dans – d'en 100
47 Quelque(s) – quel(s) que – quelle(s) que 102
48 La – l'a – l'as – là / sa – ça – çà 104
49 Prêt(s) – près / plus tôt – plutôt 106
50 Peut – peux – peu 108
51 Quand – quant – qu'en / ou – où 110
52 Parce que – par ce que / quoique – quoi que / pourquoi – pour quoi 112
53 Le participe présent et l'adjectif verbal 114
54 Des erreurs à éviter 116

Des signes orthographiques

55 Les accents 118
56 La cédille – le tréma – l'apostrophe – le trait d'union 120
57 Les abréviations – les sigles – les symboles 122

L'écriture des sons

58 Les écritures des sons (s) et (z) 124
59 Les écritures du son (k) 126
60 Les écritures du son (an) 128
61 Les écritures du son (in) 130
62 Les écritures du son (f) 132
63 Les écritures du son (ye) 134
64 Les écritures des sons (g) et (je) 136
65 Les écritures des sons (e muet), (eu ouvert), (eu fermé) 138
66 Le son (on) – les finales sonores (o ouvert m), (om), (èn) et (am) 140

SOMMAIRE

L'écriture des mots

67 Les consonnes doubles 142
68 Les consonnes doubles après une voyelle initiale 144
69 Les noms en *-eur, -eure, -eurt, -eurre* – les noms en *-oir, -oire* 146
70 Les noms terminés par le son (o) 148
71 Les noms terminés par le son (è) 150
72 Les noms terminés par le son (é) 152
73 Les noms terminés par les sons (i) et (u) 154
74 Les noms terminés par les sons (ou) et (oua) 156
75 Les noms terminés par le son (l) 158
76 Les noms terminés par le son (r) 160
77 Les noms terminés par le son (ans) 162
78 Les consonnes finales muettes 164
79 La lettre *h* en début de mot 166
80 Les lettres muettes intercalées 168
81 La lettre *x* 170
82 Les préfixes et les suffixes 172
83 Les homonymes lexicaux 174
84 Les mots d'origine étrangère 176
85 Les paronymes – les barbarismes – les pléonasmes 178
86 Des anomalies orthographiques 180
87 Les adverbes 182
88 Les adverbes de manière en *-ment* 184
89 Les pronoms possessifs, démonstratifs, indéfinis 186

Index des notions clés 188

AVANT-PROPOS

Avec **Orthographe en poche**, nous vous proposons un outil complet et pratique qui vous donne dans toute situation d'expression écrite, les bonnes réponses aux difficultés que pose la langue française.

■ 89 fiches (pages 10 à 187) traitent l'ensemble des questions d'orthographe du français.
Les fiches 1 à 54 correspondent à l'orthographe grammaticale (la ponctuation, le nom, l'adjectif, le verbe, le participe passé, les confusions entre des formes homophones) et permettent de maîtriser la majorité des situations d'expression.
Les fiches 55 à 89 correspondent à l'orthographe d'usage (les signes orthographiques comme les accents ou la cédille, l'écriture des sons et l'écriture des mots) et proposent des repères pour identifier les diverses catégories de difficultés orthographiques et mieux mémoriser les circonstances d'usage des différentes écritures.

■ Chaque fiche est présentée sur une double page, de façon claire et structurée : la règle est expliquée et accompagnée de nombreux exemples et des principaux « pièges » à éviter ou « exceptions ».

■ L'index des notions clés (pages 188 à 192), complémentaire du sommaire, constitue un outil de circulation dans l'ouvrage qui vous permet de trouver très rapidement la page où est traitée la question que vous vous posez.

Nous espérons que cet ouvrage vous permettra de progresser, de gagner en confiance et d'améliorer votre expression écrite au quotidien.

Daniel BERLION

ALPHABET PHONÉTIQUE

Nous avons placé entre parenthèses la graphie du son la plus courante.

12 VOYELLES

le son (a)	ami – bal
le son (â)	bas – mât
le son (é)	café – parler – nez – pied
le son (è)	mère – belle – mai – neige – fête – jouet – bec
le son (i)	ici – pli – île – type
le son (o)	sot – eau – épaule – rôle
le son (o ouvert)	note – porter – album
le son (eu fermé)	bleu – nœud
le son (eu ouvert)	beurre – œuf
le son (e muet)	chemin – revoir
le son (ou)	fou – goût
le son (u)	user – mûr

4 VOYELLES NASALES

le son (an)	blanc – vendre – jambe – trembler
le son (in)	fin – plein – pain – faim – examen – syncope – symphonie
le son (un)	brun – parfum
le son (on)	monde – sombre

4 SEMI-CONSONNES (OU SEMI-VOYELLES)

le son (ye)	yaourt – paille – bille – rail – rien
le son (ou)	oui – rouage – soin
le son (ui)	nuit – lui
le son (oi)	roi – bois – soigner

ALPHABET PHONÉTIQUE

17 CONSONNES

le son (b)	barbe – table
le son (k)	cave – marque – ski – chorale – ticket – acquitter
le son (d)	dur – aider – sud
le son (f)	feu – vif – photo
le son (g)	gant – vague
le son (l)	lune – rouler – ville
le son (m)	main – permis
le son (n)	navire – farine
le son (p)	poule – taper
le son (r)	rare – pour
le son (s)	sur – trace – leçon – nation – science – six
le son (t)	tous- retard
le son (v)	vivre – wagon
le son (z)	rose – zéro – dixième
le son (ch)	chat – riche – schéma
le son (je)	jeton – manger
le son (gn)	vigne – agneau

Les sons (in) et (un) / (eu ouvert) et (eu fermé) / (a) et (â) tendent à être confondus dans beaucoup de régions.

1 LES POINTS

Les signes de ponctuation donnent des indications précieuses pour la lecture et la compréhension d'un texte. Ils marquent les pauses et les inflexions de la voix dans la lecture et fixent les rapports entre les propositions et les idées. Une ponctuation mal placée, ou omise, peut entraîner des contresens.

Le point

Le point marque la fin d'une phrase dont le sens est complet. Il indique une pause très nette ; l'intonation est descendante.

L'architecte a conçu un immeuble fonctionnel.

Les locataires emménageront dans les prochains jours.

REMARQUE

Une phrase nominale, ou sans verbe, se termine par un point, sauf s'il s'agit d'un titre d'œuvre.

À tout seigneur, tout honneur.

Léon fut surpris par l'accueil. Un vrai repas de fête.

Voyage au bout de la nuit (roman de L. F. Céline)

Le point d'interrogation

Le point d'interrogation se place à la fin d'une phrase lorsqu'on pose une question ; l'intonation est montante.

Quelle est la capitale de la Birmanie ?

Les navires sont-ils arrivés au port ?

REMARQUES

1 Lorsque l'interrogation est indirecte, on place simplement un point.

Dites-nous ce que vous ferez pendant les vacances**.**

2 Placé entre parenthèses, le point d'interrogation peut marquer le doute.

Clovis fut baptisé en 496 (**?**) à Reims.

Le point d'exclamation

Le point d'exclamation se place à la fin d'une phrase ayant un sens injonctif ou exclamatif ; l'intonation est montante.
Vous devez immédiatement répondre à ce courrier **!**
Quel beau jardin que celui de Villandry **!**

REMARQUES

1 Le point d'exclamation peut aussi être placé après une interjection. Dans ce cas, le mot suivant ne prend pas de majuscule et le point d'exclamation se répète à la fin de la phrase.

Attention **!** ce trottoir est glissant **!**

2 La phrase impérative se termine généralement par un point.

Emporte un anorak, des gants et un bonnet.

Mais pour marquer l'intention ou l'ordre, on place un point d'exclamation.

Viens ici immédiatement **!**

2 LA VIRGULE

La virgule marque une courte pause dans la lecture, sans que la voix baisse.

L'emploi de la virgule

• **La virgule** sépare, dans une même phrase, les éléments semblables, c'est-à-dire de même nature ou de même fonction, qui ne sont pas unis par l'une des conjonctions de coordination *et, ou, ni.*

Voilà un spectacle magnifique**,** il faut le reconnaître.

• Lorsque, dans une succession d'éléments semblables, les conjonctions de coordination *et, ou, ni* sont utilisées plusieurs fois, il faut séparer ces éléments semblables par des virgules.

Dans ce désert, on ne trouve ni oasis**,** ni puits**,** ni abri**,** ni piste.

• Les conjonctions *mais, ou, donc, car* sont précédées d'une virgule.

L'eau est froide**,** mais nous nous baignons.

Nous nous baignons**,** car l'eau est chaude.

Un élément de séparation

La virgule peut séparer :

• **les sujets d'un même verbe**

Les gazelles**,** les lions**,** les gnous**,** les éléphants peuplent ce parc naturel africain.

• **les épithètes ou les attributs d'un même nom ou d'un même pronom**

Une plainte lointaine**,** brève**,** pratiquement inaudible**,** perça le silence.

La statue était imposante**,** admirable**,** parfaitement ressemblante et bien éclairée.

- **les compléments d'un verbe, d'un nom, d'un adjectif**

Julien éplucha les courgettes, les aubergines, les tomates, les oignons.

L'expert détermine la valeur des timbres, des pièces, des cartes postales.

L'officier se présenta bardé de décorations, de médailles, de cocardes, d'écussons.

- **les verbes ayant un même sujet**

Le valet de chambre frappa, entra, se présenta et attendit les ordres.

- **les propositions de même nature, plutôt courtes**

Dehors, le vent soufflait, les volets claquaient, la pluie fouettait les murs.

- **les mots mis en apostrophe ou en apposition**

Moi, je ne partirai pas avant vingt heures.

L'avion, retardé par des vents contraires, n'atterrira qu'à dix heures.

- **les propositions incises**

Cette offre, je l'avoue, me tente.

- **les compléments circonstanciels ou les subordonnées placés en tête de phrase**

Devant la barrière de péage, les véhicules attendent.

REMARQUE

On ne place pas de virgule entre les pronoms relatifs *qui, que* et leur antécédent, sauf pour isoler une proposition subordonnée explicative.

L'émission qui vient d'être diffusée n'a duré que vingt minutes.

L'émission, que chacun a pu apprécier, n'a duré que vingt minutes.

3 LE POINT-VIRGULE – LES POINTS DE SUSPENSION

Le point-virgule s'emploie dans une phrase ; les points de suspension dans et en fin de phrase.

Le point-virgule

Le point-virgule sépare des propositions ou des expressions qui ont un lien faible. Son emploi est délicat car il est proche du point ou de la virgule.

Les cultures manquent d'eau **;** la récolte de maïs sera médiocre.

REMARQUES

1. On place un point-virgule lorsque la deuxième proposition commence par un adverbe.

   Les travaux sont terminés **;** désormais, la circulation est fluide.

2. Le point-virgule ne peut jamais terminer un texte et n'est jamais suivi d'une majuscule.

Les points de suspension

• **Les points de suspension** (toujours trois) indiquent que la phrase est inachevée. Ils marquent une interruption causée par l'émotion, la surprise, l'hésitation ou un arrêt voulu dans le développement de la pensée pour mettre en relief certains éléments de la phrase.

Il était une fois un prince charmant**...**

Un jour, je partirai à l'aventure**...**

• Ils peuvent également marquer la fin d'une énumération, peut-être incomplète. Dans ce cas, ils suivent directement le dernier mot.
L'alpiniste vérifie l'état de son piolet, la fixation de ses crampons, la fermeture de son sac, la présence de sa lampe frontale, le nombre de ses mousquetons**...**

REMARQUES

1 Les points de suspension ne peuvent jamais être placés après une virgule ou un point-virgule.

2 Les points de suspension placés entre crochets indiquent une coupure dans une citation.

De tous les bonheurs qui lentement m'abandonnent, le sommeil est l'un des plus précieux, des plus communs aussi. Un homme qui dort peu et mal **[...]** médite tout à loisir sur cette particulière volupté.

Marguerite Yourcenar, *Mémoires d'Hadrien*, Plon, 1953, Folio, Gallimard, 1977.

3 On emploie les points de suspension après l'initiale d'un nom que l'on ne veut pas citer.

J'ai rencontré monsieur K**...** dans l'escalier.

4 Les points de suspension prennent parfois la place d'un mot que l'auteur se refuse à mettre en toutes lettres pour des raisons de décence.

Fredo n'a pas voulu changer ses pneus : quelle c**...** !

5 *Etc.* est une abréviation (latin : *et cætera*) qui signifie *et ainsi de suite*, soit l'équivalent de points de suspension.
C'est pourquoi, elle n'est jamais suivie de points de suspension.

Au supermarché, on trouve de tout, des jouets, des aliments, des livres, des vêtements, **etc.**

4 LES DEUX-POINTS – LES PARENTHÈSES – LES GUILLEMETS

Les deux-points annoncent un groupe de mots. Les parenthèses et les guillemets isolent un mot ou un groupe de mots.

Les deux-points

On utilise **les deux-points** pour annoncer :

- **une énumération**

Tout le monde était là : les femmes, les hommes, les enfants.

- **une explication**

Vous ne pouvez pas entrer : la porte est fermée à clé.

- **une justification**

Je n'ai pas avalé ce sirop pour la toux : il est proprement imbuvable.

- **une citation**

Rimbaud a écrit : « Je est un autre. »

- **un discours direct**

Lorsqu'il vit le souterrain obstrué, Henri s'écria : « Me voilà pris au piège ! »

Les parenthèses

Les parenthèses servent à isoler une idée, une réflexion qui pourraient être supprimées sans altérer le sens de la phrase.

Comme il est maître nageur (même s'il n'en a pas fait son métier), Jean-Paul a appris à nager à tous ses neveux.

Les guillemets

Les guillemets (créés par l'imprimeur Guillaume, dit Guillemet, en 1525) encadrent un discours direct. L'ouverture des guillemets est généralement précédée de deux-points.

L'homme s'arrêta à ma hauteur et me demanda : « Avez-vous l'heure ? »

REMARQUES

1 Lors d'un dialogue, on place **un tiret** au début de chaque changement de prise de parole ; on n'en place pas pour la première personne qui parle.

Lorsque le client eut déposé ses achats sur le tapis, la caissière lui demanda :
« Comment réglez-vous ?
– Par carte bancaire.
– Alors, insérez-la ici. »

En fin de phrase ou de dialogue, le point (simple, d'interrogation, d'exclamation) est toujours placé à l'intérieur des guillemets.

2 Parfois, dans un dialogue, il faut indiquer la personne qui parle. Dans ce cas, on ne ferme pas les guillemets après ses paroles ; on place simplement une courte phrase entre deux virgules.

La caissière demanda poliment :
« Avez-vous une carte de fidélité ?
– Non**, répondit le client,** je ne viens qu'exceptionnellement dans ce magasin. »

Cette courte **proposition incise** n'est jamais précédée d'un point et ne commence jamais par une majuscule.

5 LA MAJUSCULE

La lettre majuscule est aussi appelée lettre capitale.

L'emploi de la majuscule

On met une majuscule :

- **au premier mot d'une phrase**

On a découvert une trace de dinosaure dans cette carrière.

- **aux noms propres, aux prénoms, aux surnoms, aux noms de famille**

Pasteur – Charles-Henri – Philippe le Bel – la famille Dupont

- **aux noms communs pris comme des noms propres**

un chien nommé Caramel

La Commune de Paris fut une date marquante de l'histoire de France.

- **aux noms ou aux titres des œuvres artistiques ou littéraires, des journaux, des magazines**

la Joconde de Léonard de Vinci

la Bible et le Coran

Le premier journal sportif fut l'Auto. Aujourd'hui, l'Équipe lui a succédé.

- **à certains termes de politesse**

Madame, Mademoiselle, Monsieur

- **aux noms qui marquent la nationalité**

Cette partie oppose les Anglais aux Gallois.

- **à certains termes historiques ou géographiques**

Richelieu – la Libération – Marseille – Jupiter – les Vosges

- **aux noms de bateaux, d'avions, de rues, d'édifices**

le Titanic – l'Airbus – l'avenue de la Gare – le musée du Louvre

- **aux noms d'institutions, de sociétés ou de distinctions**

le Conseil régional – l'Éducation nationale – Air France – la Légion d'honneur

- **aux noms d'événements sportifs ou artistiques si l'événement a un caractère unique**

le Tour de France – le Festival de Cannes

- **aux premiers mots des vers de poèmes**

Ô temps, suspends ton vol ! et vous, heures propices,
Suspendez votre cours ! (Lamartine, *Méditations poétiques*)

Cas particuliers

- Les noms de mois, de saisons, de dates s'écrivent avec des minuscules.

le premier mardi du mois de juillet – le début du printemps

- Les noms de fêtes prennent des majuscules.

La Toussaint – Noël – l'Ascension – Pâques – Yom Kippour

- Les points cardinaux, lorsqu'ils désignent un territoire, une région, un pays, prennent une majuscule.

les régions du Nord – les départements de l'Ouest – les peuples d'Orient

Mais s'ils désignent les points de l'horizon, ils prennent une minuscule.

le vent souffle du nord – aller en direction du sud-ouest

- Les noms déposés et les noms de marques prennent une majuscule.

boire un Martini – piloter un Jodel – réparer une Vespa

6 LE GENRE DES NOMS

Les noms ont un genre – masculin ou féminin –, fixé par l'usage et repérable, le plus souvent, par le déterminant singulier qui les précède.

Noms masculins sur lesquels on peut hésiter

un abaque	un autographe	un insigne
un abîme	un automate	un interclasse
un agrume	un chrysanthème	un intermède
un ail	un edelweiss	un ivoire
un amalgame	un éloge	un obélisque
un ambre	un emblème	un opercule
un amiante	un en-tête	un opuscule
un anathème	un épiderme	un ovule
un antidote	un épilogue	un pétale
un antipode	un équinoxe	un pétiole
un antre	un esclandre	un planisphère
un aphte	un exode	un pore
un apogée	un globule	un poulpe
un appendice	un haltère	un rail
un arcane	un hémisphère	un sépale
un armistice	un horoscope	un tentacule
un arôme	un hymne	un termite
un astérisque	un indice	un tubercule

REMARQUES

1 Pour certains noms, les deux genres sont acceptés.

un (une) après-midi – un (une) alvéole – un (une) enzyme – un (une) HLM

2 Certains noms changent de sens selon leur genre.

faire **un tour** – admirer **une tour**

Noms féminins sur lesquels on peut hésiter

une acné	une azalée	une gemme
une acoustique	une câpre	une idole
une agrafe	une chrysalide	une idylle
une alcôve	une dynamo	une mandibule
une alèse (alaise)	une ébène	une nacre
une algèbre	une ecchymose	une oasis
une amnistie	une échappatoire	une octave
une amorce	une écritoire	une omoplate
une anagramme	une égide	une orbite
une antilope	une encaustique	une oriflamme
une apostrophe	une éphéméride	une primeur
une apothéose	une épigramme	une primevère
une arachide	une épitaphe	une réglisse
une argile	une épithète	une stalactite
une artère	une épître	une stalagmite
une atmosphère	une espèce	une stèle
une attache	une estafette	une vésicule
une autoroute	une gaufre	une vis

REMARQUES

1 Tous les noms en *-e* ne sont pas féminins et tous les noms féminins ne se terminent par un *-e*.

le répertoire – un massage – un héroïsme – le souffle – le chêne…
la peau – la voix – la douleur – une pression – une loi – la vertu…

2 Quelques noms ne s'emploient qu'au féminin, même s'ils désignent un homme ou un animal mâle !

une sentinelle – une idole – une victime – une vigie – une recrue – une bête – une girafe – une grenouille – une gazelle…

7 LE FÉMININ DES NOMS

On forme généralement le féminin des noms des être animés en ajoutant un ***-e*** à la forme du nom masculin. Si le nom masculin se termine déjà par un ***-e***, on place simplement un article féminin devant le nom.

un apprenti → une apprenti**e**
un journaliste → une journaliste
un marchand → une marchand**e**
un élève → une élève

Terminaisons différentes au féminin

- Les noms masculins terminés par ***-er*** font leur féminin en ***-ère***.

un écuyer → une écuy**ère**
un gaucher → une gauch**ère**

- Certains noms masculins doublent la consonne finale.

un paysan → une pays**anne**
un chat → une ch**atte**

- Les noms masculins terminés par ***-eur*** font souvent leur féminin en ***-euse***.

un nageur → une nag**euse**
un coiffeur → une coiff**euse**

- Des noms masculins terminés par ***-teur*** font leur féminin en ***-trice***.

un directeur → une direc**trice**
un éducateur → une éduca**trice**

- Certains noms masculins terminés par ***-e*** font leur féminin en ***-esse***.

un prince → une princ**esse**
un âne → une ân**esse**

- Certains noms masculins changent la consonne finale.

un époux → une épou**se**
un veuf → une veu**ve**
un loup → une lou**ve**

- Quelques noms masculins sont légèrement modifiés au féminin.

un vieux → une vi**eille**
un fou → une f**olle**
un jumeau → une jum**elle**

Autres cas

• Le nom masculin a un équivalent féminin différent.
un oncle → une tante
un coq → une poule
Attention à certaines confusions :
Le crapaud n'est pas l'équivalent masculin de la grenouille.
Le hibou n'est pas l'équivalent masculin de la chouette.

• Peu à peu, l'usage donne à tous les noms masculins (notamment les noms de métiers) un équivalent féminin.
un député → une député**e**
un professeur → une professeur**e**
Mais certains noms masculins n'ont toujours pas de féminin.
un bandit – un assassin – un bourreau – un cardinal – un forçat – un tyran – un gourmet – un témoin...
Et certains noms féminins n'ont pas de masculin.
une amazone – une lavandière – une nourrice – une lingère – une soubrette

REMARQUES

1 Le mot *enfant* a une forme unique.

un/une enfant

2 Les noms d'habitants prennent également la marque du féminin.

un Anglais → une Anglais**e**
un Italien → une Italie**nne**

3 Le féminin de certains noms peut avoir un sens tout à fait différent du nom masculin ; il ne désigne pas alors un être animé.

Le portier nous précède dans le hall.
Vous fermez **la portière**.

8 LE PLURIEL DES NOMS

On forme généralement le pluriel des noms en ajoutant un *-s* au nom singulier.

Règles générales

- Les noms terminés par *-au, -eau, -eu* prennent un *-x* au pluriel.

un tuyau → des tuyau**x** – un seau → des seau**x** –
un cheveu → des cheveu**x**

Exceptions : des landau**s** – des sarrau**s** – des pneu**s** – des bleu**s** – des émeu**s** (oiseaux australiens) – des lieu**s** (les poissons)

- Beaucoup de noms masculins terminés par *-al* font leur pluriel en ***-aux***.

un animal → des anim**aux** – le général → les génér**aux** –
un cheval → des chev**aux**

Exceptions : des bal**s** – des chacal**s** – des carnaval**s** – des festival**s** – des récital**s** – des régal**s**...

- Une majorité de noms terminés par *-ail* au singulier font leur pluriel en ***-ails***.

un rail → des rail**s** – un détail → des détail**s** –
le portail → les portail**s**

Exceptions : les cor**aux** – des ém**aux** – des soupir**aux** – des trav**aux** – des vitr**aux**...

- Les noms terminés par *-ou* prennent un *-s* au pluriel.

un trou → des trou**s** – le clou → les clou**s** –
un cachou → des cachou**s**

Exceptions : les bijou**x** – les caillou**x** – les chou**x** – les genou**x** – les hibou**x** – les joujou**x** – les pou**x**

- Les noms terminés par *-s, -x, -z* ne prennent pas la marque du pluriel.

le bois → les bois – une voix → des voix – un gaz → des gaz

Cas particuliers

• Certains noms ont un pluriel particulier.
un monsieur → des **messieurs** – un œil → des **yeux** – un ail → des **aulx** (des **ails**)

• Certains noms ne s'emploient qu'au singulier ; d'autres seulement au pluriel.
Uniquement **au singulier** : le bétail – (faire) le guet – (joindre) l'utile à l'agréable
Uniquement **au pluriel** : les funérailles – les entrailles – les préparatifs – les mœurs – les ténèbres – les honoraires – aux confins – les vivres – les alentours – les décombres – les arrhes

REMARQUES

1 Au pluriel, certains noms ont un sens différent de celui du singulier.

faire sa **toilette** ≠ aller aux **toilettes**
Le film tire à sa **fin**. (il se termine) ≠ Jean arrive à ses **fins**. (il réussit)
prendre le **frais** (l'air) ≠ entraîner des **frais** (des dépenses)

2 Quand un nom sans article, précédé des mots *à, de, en, sans, ni, pas de...*, est complément d'un autre nom, il peut être au singulier ou au pluriel selon le sens.

des bracelets en or – une paire de chaussette**s** – des patins à roulette**s** – des jours sans soleil

3 Certains noms ont deux formes au pluriel, avec des significations différentes.

les **aïeuls** (→ les grands-parents)
les **aïeux** (→ ceux qui ont vécu dans les siècles passés, nos lointains ancêtres)

9 LE PLURIEL DES NOMS PROPRES ET DES NOMS D'ORIGINE ÉTRANGÈRE

Les noms propres et d'origine étrangère peuvent parfois prendre la marque du pluriel.

Les noms propres

Les noms propres ne prennent pas la marque du pluriel.
Les sœurs **Ferlet** nous ont rendu visite.
Les magasins **Carrefour** soldent.
Les nouvelles **Citroën** sont des voitures économiques.

Exceptions :

- les noms de population ou de lieux géographiques qui désignent un ensemble ;
  les Toulousain**s** – les Mexicain**s** – les Péruvien**s** – les Alpe**s** – les Canarie**s** – les Baléare**s**
  mais il n'y a pas de marque du pluriel si la pluralité n'est pas réelle.
  Il n'existe pas deux **Rome** en Italie.
- certaines familles royales, princières ou illustres de très vieille noblesse.
  les Horace**s** – les Capétien**s** – les Condé**s** – les César**s**

REMARQUES

1 On admet deux orthographes pour :
– des personnages illustres pris comme types ;
les Pasteur**(s)** – les Curie**(s)** – les Einstein**(s)**
– des œuvres artistiques ou littéraires désignées par le nom de leur créateur.
des Picasso**(s)** – des Simenon**(s)**

2 Le nom propre, une fois considéré comme un nom commun, prend la marque du pluriel.
Les **harpagons** rendent leur famille malheureuse.

Les noms d'origine étrangère

Les noms d'origine étrangère peuvent :

- prendre un ***-s*** au pluriel s'ils sont francisés depuis longtemps par l'usage ;

un duo → des duo**s** – un album → des album**s** –
un matador → des matador**s**

- garder leur pluriel étranger ;

une lady → des lad**ies** – un rugbyman → des rugby**men**
un erratum → des errat**a** – un scenario → des scenar**ii** (sans accent)

- avoir deux pluriels, indifféremment l'étranger et le français ;

un sandwich → des sandwich**es**/des sandwich**s**
un maximum → des maxim**a**/des maximum**s**

- rester invariables pour certains noms d'origine latine.

un extra → des extra – un credo → des credo

REMARQUES

1 *Desideratum* s'emploie surtout au pluriel.
Tous **tes desiderata** seront satisfaits.

2 Donner aux noms d'origine étrangère le pluriel de leur langue est une marque d'affectation. On francisera donc largement les pluriels des noms d'origine étrangère.

Quelquefois, la forme plurielle francisée s'est imposée aussi au singulier.

des confetti**s** → un confetti
(singulier italien : un confetto)
des touareg**s** → un touareg
(singulier arabe : un targui)

10 LE PLURIEL DES NOMS COMPOSÉS

Les noms composés sont formés de deux ou trois mots unis par un ou des traits d'union.

Les noms composés variables

Dans les noms composés, seuls les noms et les adjectifs se mettent au pluriel.

une basse-cour → des basse**s**-cour**s**
un rouge-gorge → des rouge**s**-gorge**s**

REMARQUES

1 Lorsque le nom composé est formé de deux noms unis par une préposition, en général, seul le premier nom s'accorde.

un chef-d'œuvre → des chef**s**-d'œuvre

2 Si l'adjectif a une valeur adverbiale, il reste invariable.

un haut-parleur → des haut-parleur**s**
un long-courrier → des long-courrier**s**

Les noms composés invariables

Dans les noms composés, les verbes, les adverbes, les prépositions sont toujours invariables.

des pince-sans-rire – des laissez-passer – des quant-à-soi – des avant-toits

REMARQUE

Garde s'accorde quand il est employé comme nom ; il reste invariable s'il s'agit du verbe.

des garde**s**-chasse**s** – des garde**s**-malade**s**
des garde-manger – des garde-robe**s**

Cas particuliers

- Pour un nom composé singulier, le sens peut imposer le pluriel du second mot.

un porte-bagage**s** → C'est un dispositif pour porter **les** bagages.

- Pour un nom composé pluriel, le sens peut imposer le singulier du second mot.

des timbres-poste → des timbres pour **la** poste

- Quelquefois, le sens s'oppose à l'accord de certains noms composés.

des pot-au-feu → de la viande et des légumes mis dans **un** pot sur **le** feu

- Si le premier mot d'un nom composé est un élément terminé par la voyelle *-o*, il est invariable.

des primo-arrivant**s** – des broncho-pneumonie**s** – des auto-école**s**

REMARQUES

1 Les dictionnaires mentionnent parfois deux orthographes.

un essuie-main(**s**) – des grand(**s**)-mères

2 Certains noms composés sont formés de deux mots que l'usage a soudés. Ils prennent normalement les marques du pluriel.

un portefeuille → des portefeuille**s**

Quelques noms, qui se sont soudés, ont conservé des pluriels particuliers.

madame → **mesdames**
un bonhomme → des **bonshommes**
un gentilhomme → des **gentilshommes**

11 LE FÉMININ DES ADJECTIFS QUALIFICATIFS

Les adjectifs qualificatifs s'accordent en genre.

Règles générales

• On forme généralement le féminin des adjectifs qualificatifs en ajoutant un ***-e*** à la forme du masculin.
un joli bouquet → une joli**e** fleur
un grand détour → une grand**e** traversée

• Les adjectifs qualificatifs terminés par ***-e*** au masculin ne changent pas de forme.
un ami fidèl**e** → une amie fidèl**e**
un lieu agréabl**e** → une région agréabl**e**

Cas particuliers

• Les adjectifs qualificatifs terminés par ***-er*** au masculin font leur féminin en ***-ère***.
un morceau enti**er** → une part enti**ère**

• Certains adjectifs qualificatifs doublent la consonne finale au féminin.
un meuble ba**s** → une table ba**sse**
un genti**l** garçon → une genti**lle** fille

• Les adjectifs qualificatifs terminés par ***-et*** au masculin doublent généralement le ***t*** au féminin.
un prix n**et** → une n**ette** différence
un ruban viol**et** → une écharpe viol**ette**
Exceptions : *complet, concret, désuet, discret, inquiet, replet, secret* se terminent par ***-ète*** au féminin.
un tour compl**et** → une partie compl**ète**
un cri discr**et** → une joie discr**ète**

- Certains adjectifs qualificatifs modifient leur terminaison au féminin.

un objet précieu**x** → une pierre précieu**se**
un faux nom → une fau**sse** adresse
un pain fra**is** → une boisson fra**îche**
un drap blan**c** → une chemise blan**che**
un parc publi**c** → une place publi**que**
un regard hâti**f** → une réponse hâti**ve**
un sourire dou**x** → une voix dou**ce**
un long parcours → une lon**gue** randonnée
un sourire mali**n** → une mimique mali**gne**
un théâtre gre**c** → une statue gre**cque**

- Les adjectifs qualificatifs terminés par ***-eur*** au masculin font généralement leur féminin en ***-euse***.

un fil balad**eur** → une lampe balad**euse**

Néanmoins, certains adjectifs qualificatifs masculins terminés par ***-eur*** font leur féminin en ***-resse*** ou en ***-eure***.

un coup veng**eur** → une réplique venge**resse**
un espace intéri**eur** → une cour intéri**eure**

- Nombre d'adjectifs qualificatifs en ***-teur*** font leur féminin en ***-trice***.

un projet nova**teur** → une idée nova**trice**

REMARQUE

Formes particulières au féminin :

un cri aigu → une plainte aigu**ë**
un fromage mou → une pâte mo**lle**
un numéro favori → une carte favori**te**
un vieux livre → une vie**ille** revue
un beau visage → une be**lle** coiffure
un texte rigolo → une histoire rigolo**te**
le peuple hébreu → la langue hébr**aïque**

12 LE PLURIEL DES ADJECTIFS QUALIFICATIFS

Les adjectifs qualificatifs s'accordent en nombre.

Règle générale

- On forme généralement le pluriel des adjectifs qualificatifs en ajoutant un ***-s*** à la forme du singulier.

des réglages parfait**s** – des travaux manuel**s** – des saules pleureur**s**

- C'est notamment le cas de tous les adjectifs qualificatifs féminins.

des salles bruyante**s** – des assiettes creuse**s** – des destinations lointaine**s**

Cas particuliers

- Les adjectifs qualificatifs terminés par ***-s*** ou ***-x*** au singulier ne prennent pas de marque du pluriel.

un détail préci**s** → des détails préci**s**
un hôtel luxueu**x** → des hôtels luxueu**x**

- L'adjectif *bleu* prend un ***-s*** au pluriel.

un drap bleu → des draps bleu**s**
une eau bleue → des eaux bleue**s**

- Les quelques adjectifs qualificatifs terminés par ***-eau*** au singulier prennent un ***-x*** au pluriel.

un nouveau jeu → de nouveau**x** jeux
un beau tir → de beau**x** tirs

- Les adjectifs qualificatifs terminés par ***-al*** au singulier forment le plus souvent leur pluriel en ***-aux***.

un site régional → des sites région**aux**
un plan mondial → des plans mondi**aux**

Exceptions :
bancal, fatal, final, natal, naval prennent simplement un ***-s*** au pluriel.
un lit bancal → des lits bancal**s**
un destin fatal → des destins fatal**s**
un point final → des points final**s**
un pays natal → des pays natal**s**
un chantier naval → des chantiers naval**s**

REMARQUES

1 *Banal* a un pluriel en ***-aux*** dans les termes de féodalité.

des fours ban**aux** – des moulins ban**aux** – des pressoirs ban**aux**

Dans les autres cas, au sens de *sans originalité*, le pluriel de *banal* est en *-s*.

des propos banal**s** – des compliments banal**s**

2 Les adjectifs qualificatifs composés s'accordent lorsqu'ils sont formés de deux adjectifs.

des paroles aigre**s**-douce**s** – des personnes sourde**s**-muette**s**

Si l'un des deux termes de l'adjectif composé est un mot invariable (ou un adjectif pris adverbialement), ce terme reste invariable.

des petits pois extra-fin**s** – des veaux nouveau-né**s**
les accords franco-italien**s**

3 Avec l'expression *avoir l'air*, l'adjectif peut s'accorder avec *air* ou avec le sujet de *avoir l'air* lorsqu'il s'agit de personnes.
S'il s'agit de choses, l'accord se fait avec le sujet.

Les fillettes ont l'air doux (ou dou**ces**).
Les voitures ont l'air neu**ves**.

13 LES PARTICIPES PASSÉS EMPLOYÉS COMME ADJECTIFS QUALIFICATIFS

La plupart des participes passés peuvent être employés comme des adjectifs qualificatifs. Ils s'accordent, en genre et en nombre, avec les noms auxquels ils se rapportent.

Les verbes du 1er groupe

Les participes passés des **verbes du 1er groupe** (ainsi que *aller*) se terminent tous par *-é*.

saler → sal**é**

entourer → entour**é**

souder → soud**é**

aller → all**é**

REMARQUE

On peut confondre le participe passé d'un verbe du 1er groupe avec son infinitif, car, à l'oral, les terminaisons sont semblables.

des sols nivel**és** Cet engin permet de nivel**er** les sols.

Pour faire la distinction, on peut remplacer le verbe du 1er groupe par un verbe du 2e ou du 3e groupe ; on entend alors la différence.

des sols entreten**us** Cet engin permet d'entreten**ir** les sols.

Les verbes des 2e et 3e groupes

- Les participes passés des **verbes du 2e groupe** se terminent tous par *-i*.

remplir → rempl**i** enfouir → enfou**i** abolir → abol**i**

- Les participes passés des **verbes du 3e groupe** se terminent généralement par *-i* ou par *-u*.

servir → serv**i**

vendre → vend**u**

suivre → suiv**i**

taire → t**u**

Mais il peut exister des consonnes muettes en fin de participe passé ;

séduire → séduit
éteindre → éteint
surprendre → surpris
asseoir → assis

ou des formes particulières.

mourir → **mort**
couvrir → **couvert**
naître → **né**
offrir → offert

Mettre ces participes au féminin permet de vérifier la présence, ou non, d'une consonne finale.

un public séduit → une salle sédui**te**
un public surpris → une salle surpri**se**

Sauf pour :

dissoudre → du sucre disso**us** – une matière disso**ute**
bénir → J'ai béni le hasard. – de l'eau béni**te**

REMARQUES

1 Comme l'adjectif qualificatif, le participe passé peut se trouver séparé du nom auquel il se rapporte par un adverbe.

une fête très/plutôt/parfaitement réuss**ie**

2 Les participes passés *attendu, compris, non compris, y compris, entendu, excepté, passé, vu,* placés devant le nom, s'emploient comme des prépositions et restent invariables.

Vu les intempéries, les maçons ne travailleront pas aujourd'hui.
Passé les fêtes, les magasins sont déserts.

3 Certains participes passés peuvent être employés comme noms (plus rarement au féminin). Dans ce cas, ils s'accordent en genre et en nombre.

handicaper → un (des) handicapé(s)
inscrire → un (des) inscrit(s)

14 LES ADJECTIFS ET LES PARTICIPES PASSÉS ÉPITHÈTES OU ATTRIBUTS

Les adjectifs qualificatifs et les participes passés peuvent être épithètes ou attributs.

Les épithètes

• Les adjectifs qualificatifs et les participes passés peuvent être employés comme **épithètes** des noms (ou pronoms) auxquels ils se rapportent ; ils appartiennent alors au groupe nominal et s'accordent avec le nom principal (ou pronom) de ce groupe. L'épithète peut précéder ou suivre le nom et en être séparé par un adverbe.

• Pour trouver ce nom (ou pronom), il faut poser, devant l'adjectif qualificatif ou le participe passé, la question : « Qui est-ce qui est (sont) ? »

Tu visites des **petits** édifices **romans** bien **restaurés**.
Qui est-ce qui sont **petits, romans, restaurés** ?
des édifices → masculin pluriel

Les attributs

• Lorsque les adjectifs qualificatifs et les participes passés sont séparés du nom sujet (ou pronom sujet) par un verbe, ils sont **attributs** du sujet de ce verbe (*être, demeurer, paraître, rester, sembler...*) avec lequel ils s'accordent en genre et en nombre.

L'émission fut **intéressante**.
M. Léonardi demeure **fidèle** à ses convictions.

• L'attribut se rapporte généralement au sujet du verbe, mais il peut également se rapporter au complément d'objet (souvent un pronom) avec lequel il s'accorde.

Les pâtes sont préparées avec passion par les cuisiniers italiens ; celui qui les déguste les trouve **délicieuses**.
Qui est-ce qui sont **délicieuses** ?
les (mis pour les pâtes) → féminin pluriel

REMARQUES

1 L'adjectif qualificatif et le participe passé, épithète ou attribut, peuvent eux-mêmes avoir des compléments.

Elle porte des vêtements **passés** de mode.
Ces portraits sont **célèbres** dans le monde entier.

2 Pour les 1re et 2e personnes du singulier et du pluriel, bien souvent seule la personne qui écrit sait quel accord il faut faire.

Je suis actif. (un homme parle)
Vous êtes heureuses. (on parle à des femmes)

3 *Vous* peut désigner une seule personne (formule de politesse). Dans ce cas, l'adjectif qualificatif ou le participe passé qui s'y rapporte reste au singulier.

« Vous serez **satisfait(e)** », déclare le vendeur.

4 Plusieurs adjectifs au singulier peuvent se rapporter à un même nom pluriel.

Les littératures **anglaise et espagnole** sont traduites dans le monde entier.

15 L'APPOSITION

Les adjectifs qualificatifs et les participes passés peuvent être placés en apposition.

Les adjectifs et les participes apposés

• Lorsqu'ils sont séparés du nom par une ou deux virgules, l'adjectif qualificatif et le participe passé sont mis en **apposition.**

Confortables, ces voitures séduisent de nombreux conducteurs.
Bien équipées, ces voitures séduisent de nombreux conducteurs.
Ces voitures**, confortables,** séduisent de nombreux conducteurs.
Ces voitures**, bien équipées,** séduisent de nombreux conducteurs.

• Plusieurs adjectifs qualificatifs ou participes passés peuvent être placés en **apposition.**

Confortables et économiques, ces voitures séduisent de nombreux conducteurs.
Ces voitures**, confortables et économiques,** séduisent de nombreux conducteurs.

REMARQUES

1 L'adjectif qualificatif et le participe passé mis en apposition sont souvent accompagnés d'un complément.

Différentes de leurs concurrentes, ces voitures séduisent de nombreux conducteurs.

2 On peut supprimer l'apposition sans rendre la phrase incorrecte ni en modifier le sens.

Ces voitures séduisent de nombreux conducteurs.

Les autres formes de l'apposition

L'apposition, qui apporte un complément d'information dans un rapport d'équivalence, peut également être :

- **un nom (ou un groupe nominal)**

M. Leroux, **le boulanger**, cherche vainement un apprenti.

M. Leroux, **le seul boulanger du quartier**, cherche vainement un apprenti.

- **un pronom (ou un groupe pronominal)**

M. Leroux, **lui-même**, cherche vainement un apprenti.

M. Leroux, **celui que tout le monde connaît**, cherche vainement un apprenti.

- **un infinitif**

M. Leroux n'a qu'une idée en tête, **chercher un apprenti**.

- **une subordonnée relative**

M. Leroux, **qui tient boutique dans le quartier**, cherche vainement un apprenti.

- **une subordonnée conjonctive**

M. Leroux ne pense qu'à une chose : **qu'un apprenti se présente**.

REMARQUE

Il ne faut pas confondre l'apposition et le complément de nom. L'apposition et le nom, auquel elle apporte un complément d'information, renvoient à la même réalité.

Le complément de nom concerne une réalité différente de celle du nom.

Apposition : la profession de boulanger

Complément de nom : la boulangerie de M. Leroux

16 LES PARTICULARITÉS DE L'ACCORD DES ADJECTIFS QUALIFICATIFS

Les adjectifs qualificatifs et les participes passés s'accordent en genre et en nombre avec le nom auquel ils se rapportent. Néanmoins, certaines particularités sont à connaître.

Règles générales

• Lorsque l'adjectif qualificatif (ou le participe passé) est employé avec deux noms singuliers, il s'écrit au pluriel.

Le parc et le jardin sont déserts.

La place et l'avenue sont désertes.

• Lorsque l'adjectif qualificatif (ou le participe passé) est employé avec des noms de genres différents, on l'accorde au masculin pluriel.

La place et le parc sont déserts.

Cas particuliers

• Après *des plus, des moins, des mieux, des moindres,* l'adjectif (ou le participe passé) qui suit se met au pluriel et s'accorde en genre avec le nom.

Cette affaire est des plus délicates.

Ce joueur n'est pas des moins assidus à l'entraînement.

Néanmoins, lorsque le mot auquel se rapporte l'adjectif est un infinitif, une proposition ou un pronom neutre, il reste au masculin singulier.

Trouver un taxi ici est des plus difficile.

C'est des plus regrettable que de devoir attendre.

• L'adjectif *possible* s'accorde quand il se rapporte directement au nom.

J'ai essayé toutes les solutions possibles.

Mais employé avec *le plus de, le moins de, le mieux, possible* est adverbe, donc invariable.
J'ai essayé le plus de solutions possible.
Il a fait le moins d'efforts possible.

• Les adjectifs *nu* et *demi*, placés devant le nom, sont invariables et s'y rattachent par un trait d'union.
Tu marches **nu**-pieds. – Ils vont partir dans une **demi**-heure.
Placés après le nom, *nu* s'accorde en genre et en nombre et *demi* s'accorde en genre.
Tu marches pieds **nus**.
Ils vont partir dans deux heures et **demie**.

REMARQUES

1 *À nu* et *à demi* sont des adverbes, donc invariables.

avoir les épaules **à nu**
laisser une porte **à demi** fermée

Nu et *demi* peuvent être employés comme noms.

Cet artiste peint de beaux **nus**.
L'horloge sonne les **demies**.

2 *Semi* et *mi*, éléments invariables, sont suivis d'un trait d'union.

Le ministre est en visite **semi**-officielle.
L'eau arrive à **mi**-hauteur du bassin.

3 *Proche*, lorsqu'il signifie *à côté de* ou *qui est près d'arriver*, est variable.

Ces deux amies ont toujours été très proche**s**.

L'expression *de proche en proche* est invariable.

Les eaux de la Saône s'étendaient **de proche en proche** au-delà des digues.

17 LES ADJECTIFS QUALIFICATIFS DE COULEUR

Les adjectifs qualificatifs de couleur obéissent à des règles d'accord particulières.

Les adjectifs de couleur variables

Généralement, **les adjectifs qualificatifs de couleur** s'accordent lorsqu'il n'y a qu'un seul adjectif pour désigner la couleur.

un drapeau blanc / des draps blanc**s**

une feuille blan**che** / des robes blan**ches**

REMARQUE

Traditionnellement, *châtain* ne s'emploie qu'au masculin.

des cheveux **châtains** – une chevelure **châtain**

Aujourd'hui, il est possible d'accorder cet adjectif en genre.

une chevelure **châtaine**

Les adjectifs de couleur invariables

- Quand l'adjectif de couleur est accompagné d'un autre adjectif ou d'un nom, il n'y a pas d'accord.

des yeux **bleu pâle**

des uniformes **vert olive**

des fleurs **jaune d'or**

une décoration **rouge coquelicot**

- Lorsque chacun des deux éléments est un adjectif de couleur, il n'y a pas d'accord et on place un trait d'union.

des draperies **jaune-orangé**

des pierres **bleu-vert**

• Les noms (ou les groupes nominaux) utilisés comme adjectifs pour exprimer, par image, la couleur restent invariables.
des serviettes de bain **ivoire**
des draperies **sang-de-bœuf**
des tuyaux **vert-de-gris**
une figure **vermillon**
Exceptions :
Mauve, écarlate, incarnat, fauve, rose, pourpre, qui sont assimilés à de véritables adjectifs qualificatifs, s'accordent.
des rubans mauve**s** – des étoffes écarlate**s** – des façades rose**s**

REMARQUES

1 Lorsque les adjectifs sont coordonnés, ils demeurent invariables si l'objet décrit est de deux couleurs.

Les voitures **rouge et bleu** ne prendront pas le départ. (→ les voitures bicolores)

En revanche, s'il y a des objets d'une couleur et d'autres d'une autre, on accorde les adjectifs.

Des voitures **rouges et bleues** s'alignent sur la ligne de départ. (→ des voitures rouges et des voitures bleues)

2 Lorsque l'adjectif est précédé du nom *couleur*, il reste invariable.

porter des vêtements couleur **bleu** (→ couleur du bleu)

3 Lorsque la couleur est exprimée par un substantif, il n'y a pas d'accord.

des volets peints en **vert**
La veuve est habillée de **noir**.

18 LES ADJECTIFS NUMÉRAUX

Les adjectifs numéraux cardinaux indiquent le nombre ; les ordinaux l'ordre.

Les adjectifs numéraux cardinaux

- **Les adjectifs numéraux cardinaux** (ou noms de nombre) se placent devant le nom pour indiquer une quantité précise. Ils sont invariables.

– Certains adjectifs numéraux cardinaux sont simples.
deux centimes – **cinq** doigts – **sept** jours – **vingt** euros – **cent** mètres

– D'autres sont formés par juxtaposition ou par coordination.
cinquante et une marches – **mille cinq cent trente** litres

- *Vingt* et *cent* s'accordent quand ils indiquent un nombre exact de vingtaines ou de centaines.

deux cent**s** lignes mais deux cent quarante lignes
quatre-vingt**s** ans mais quatre-vingt-trois ans

REMARQUES

1 On place un trait d'union entre les dizaines et les unités, sauf si elles sont unies par *et*.

quarante-trois kilomètres soixante **et** un morceaux

2 *Mille* est toujours invariable.

dix-huit **mille** spectateurs

3 Devant *mille*, *cent* est invariable.

sept **cent** mille exemplaires

4 Entre *mille* et *deux mille*, on dit indifféremment :

onze cents ou mille cent quinze cents ou mille cinq cents

5 Il ne faut pas confondre les nombres avec les noms tels que *dizaine, centaine, millier, million, milliard,* qui s'accordent comme tous les noms.

deux douzaine**s** d'huîtres
cinq million**s** d'euros
trois centaine**s** de pommiers
six milliard**s** d'habitants

6 *Zéro* est un nom, il prend donc un ***-s*** quand il est précédé d'un déterminant pluriel.

deux zéros après la virgule
faire zéro faute → ne faire aucune faute

Les adjectifs numéraux ordinaux

Les adjectifs numéraux ordinaux s'accordent en genre et en nombre.
les première**s** places – les seconde**s** classes – les dernier**s** instants
Mais les adjectifs numéraux cardinaux employés comme des adjectifs numéraux ordinaux sont invariables.
la page **quatre cent** – le numéro **vingt**

REMARQUES

1 Les noms désignant les parties d'un entier s'accordent avec les déterminants qui les précèdent.

deux moitié**s** – quatre quart**s** – cinq dixième**s**

2 *Second* s'emploie pour désigner un être ou une chose qui termine une série de deux.
Deuxième s'emploie pour désigner un être ou une chose qui prend place dans une série de plus de deux.

19 LES ADJECTIFS INDÉFINIS

Les adjectifs (ou déterminants) indéfinis sont nombreux et difficiles à classer.

Les principaux adjectifs indéfinis

• ***Chaque***, adjectif indéfini, marque le singulier, sans distinction de genre.

chaque jour **chaque** nuit

• ***Aucun*** – souvent accompagné de la négation *ne* – s'emploie au singulier.

Il **ne** me laisse **aucun** répit. Il **ne** laisse **aucune** trace.

Néanmoins, *aucun* s'emploie parfois au pluriel devant des noms qui n'ont pas de singulier ou qui prennent au pluriel un sens particulier.

La police **ne** constate **aucuns** agissements.
L'ennemi **n'**exerce **aucunes** représailles.

• ***Pas un(e)*** exprime une idée négative ; il est toujours singulier et peut être renforcé par *seul(e).*

Pas une voiture de plus de quatre ans n'échappe au contrôle technique.
Pas une seule voix ne s'est élevée pour contredire l'orateur.

• ***Nul, tel***, adjectifs indéfinis, s'accordent en genre, et parfois en nombre, avec le nom.

Nulle difficulté ne l'arrêtera. **Nuls** préparatifs ne suffiront.
Pour confectionner cette robe, il faut **telle** longueur de tissu.
Que **tel** ou **tel** numéro soit tiré au sort, je ne gagnerai pas.

• ***Maint***, adjectif indéfini qui exprime un grand nombre indéterminé, s'emploie au singulier mais surtout au pluriel.

Tu as vu ce film en **mainte** occasion.
Il nous a téléphoné à **maintes** reprises.

• ***Différents, divers, plusieurs*** devant des noms pluriels sont des adjectifs indéfinis qui indiquent un nombre relativement important. Seuls les deux premiers s'accordent en genre.
Il a parlé à **différentes/diverses** personnes.
Je resterai **plusieurs** semaines.

REMARQUES

1 Lorsqu'il est adjectif qualificatif (au sens de *sans valeur*), *nul* s'accorde normalement avec le nom.

Les risques sont **nuls**.
Entre ces deux produits, la différence de prix est **nulle**.

2 Lorsqu'il est adjectif qualificatif (au sens de *pareil, semblable, si grand...*), *tel* s'accorde normalement avec le nom.

Qui peut bien tenir de **tels** propos en de **telles** occasions ?

3 *Nul, tel* sont des pronoms indéfinis lorsqu'ils sont sujets singuliers.

Nul n'est censé ignorer la loi.
Tel est pris qui croyait prendre.

4 L'expression *tel quel* s'accorde avec le nom auquel elle se rapporte.

Je laisserai la maison **telle quelle**.

Il ne faut pas confondre l'expression *tel(les) quel(les)* avec *tel(les) qu'elle* que l'on peut remplacer par *tel qu'il.*

Elle laissera la maison telle qu'elle l'a trouvée.
→ ... l'appartement tel qu'il l'a trouvé.

20 LES ACCORDS DANS LE GROUPE NOMINAL

Le groupe nominal (parfois appelé syntagme nominal) est un ensemble de mots organisé autour d'un nom principal (appelé parfois nom-noyau).

Les déterminants du nom

Les mots qui accompagnent le plus souvent les noms sont **les déterminants** ; généralement ce sont eux qui indiquent le nombre et le genre du nom. Ce sont :

- **des articles**
le, la, l', les, un, une, des, au, du, de l', de la, aux
- **des adjectifs possessifs**
mon, ma, ton, ta, son, sa, notre, votre, leur, mes, tes, ses, nos, vos, leurs
- **des adjectifs démonstratifs**
ce, cet, cette, ces
- **des adjectifs interrogatifs et exclamatifs**
quel, quelle, quels, quelles
- **des adjectifs indéfinis**
nul, maint, tout, aucun, chaque, plusieurs, même, autre...
- **des adjectifs numéraux cardinaux**
deux, trois, cinq, quinze, trente, cent, mille...
- **des adjectifs numéraux ordinaux**
premier, cinquième, dix-huitième, centième...

REMARQUE

Certains déterminants sont combinables.

les mêmes paroles
tous vos projets
les trois coups
cet autre parcours

Les autres constituants du groupe nominal

Le nom peut être accompagné d'autres mots qui en précisent le sens :

- **des adjectifs qualificatifs**

des regards **indiscrets** – un abonnement **annuel** – de **belles** maisons
(Les adjectifs qualificatifs s'accordent toujours avec le nom principal.)

- **des compléments du nom** (compléments déterminatifs) toujours placés après le nom.

mes ours **en peluche** – ce téléphone **à touches** – des étés **sans soleil**
(Les compléments de nom ne s'accordent pas avec le nom principal.)

- **des propositions subordonnées relatives**

la montagne **dont on aperçoit le sommet**
la chaîne **qui retransmet le tournoi**
(Le pronom relatif qui introduit une subordonnée relative a pour antécédent le nom principal.)

REMARQUES

1 L'apposition est une expansion du nom d'un type un peu particulier puisqu'elle est séparée du nom par des virgules (voir fiche 15).

2 Un mot peut être nominalisé s'il est précédé d'un article.

adjectifs : des absents
prépositions : des pour et des contre
verbes : les devoirs de français
adjectifs numéraux : des mille et des cents
adverbes : des petits riens
conjonctions : Il n'y a pas de « mais ».

21 LES VERBES

Le verbe est généralement l'élément essentiel de la phrase. Il exprime soit l'action faite ou subie par le sujet, soit l'existence ou l'état du sujet.

Le verbe conjugué

Par leurs variations de formes (on dit alors qu'ils sont conjugués), **les verbes** apportent des indications précieuses sur les actions, les états, les attitudes, les intentions ou les modifications du sujet.
C'est autour du verbe que se constitue généralement la phrase.
Les flammes **dévoraient** les broussailles.
Tu **restes** à table.
Les voiliers **ont viré** de bord.
Il arrive que le sujet ne soit qu'un simple indice grammatical de personne pour conjuguer le verbe.
Il pleut. **Il** manque des pions. **Il** fait beau.

L'infinitif

• Lorsqu'ils ne sont pas conjugués, les verbes se présentent sous une forme neutre : **l'infinitif**. C'est ainsi qu'ils figurent dans les dictionnaires.
démonter – gagner – rougir – soutenir – apprendre

• L'infinitif permet au verbe d'avoir d'autres fonctions dans la phrase que celle d'élément essentiel.
J'adore **regarder** les feuilletons.
J'ai la chance de **vivre** à la campagne.

Les trois groupes verbaux

• **Le 1er groupe** comprend tous les verbes dont l'infinitif se termine par ***-er*** (sauf *aller*) ; le radical conserve généralement la même forme pour toutes les conjugaisons.
marcher → radical unique : ***march-***

• **Le 2e groupe** comprend les verbes dont l'infinitif se termine par ***-ir*** et qui intercalent l'élément ***-ss-*** entre le radical et la terminaison pour certaines formes conjuguées. Le radical conserve la même forme pour toutes les conjugaisons.
réunir (en réunissant – nous réunissons) → radical unique : ***réun-***

• **Le 3e groupe** comprend tous les autres verbes.
Le radical de ces verbes est souvent modifié selon les modes, les temps, les personnes.
aller → je **vais** – elle **all**ait – tu **ir**as – il faut qu'ils **aill**ent

REMARQUES

1 On appelle verbes pronominaux les verbes qui sont accompagnés d'un pronom personnel de la même personne que le sujet. (À l'infinitif, on place le pronom *se*).
je **me** relâche – vous **vous** relâcherez → *se relâcher*

2 Le verbe n'est pas le seul mot à pouvoir décrire une action ; parfois un groupe nominal peut lui être substitué.
Les artistes **entreront** en scène.
→ l'**entrée** en scène des artistes

3 Les verbes *avoir* et *être* peuvent être employés seuls :
J'**ai** du travail. Je **suis** devant mon ordinateur.
ou comme **auxiliaires**.
J'**ai** travaillé tard. Je **suis** resté devant mon ordinateur.

22 L'ACCORD DU VERBE

Règle générale

Le verbe s'accorde en personne et en nombre avec son sujet qu'on trouve en posant la question « Qui est-ce qui ? » (ou « Qu'est-ce qui ? ») devant le verbe.

Les spectateurs quittent la salle.

Qui est-ce qui quitte ? **les spectateurs** → 3e personne du pluriel

Dans le groupe nominal sujet, il faut chercher **le nom** qui commande l'accord.

Les spectateurs du premier rang quittent la salle.

Qui est-ce qui quitte ? **les spectateurs** (du premier rang) → 3e personne du pluriel

Les différents sujets du verbe

Le sujet est le plus souvent un nom, mais ce peut être aussi :

- **un pronom personnel**

Ils quittent la salle.

- **un pronom démonstratif**

Les spectateurs du premier rang quittent rapidement la salle ; **ceux** du dernier rang restent en place.

Les spectateurs du premier rang quittent la salle ; **cela** se passe dans le calme.

- **un pronom possessif**

Nos places sont attribuées ; **la mienne** se trouve au troisième rang.

• **un pronom indéfini**
Nos places sont attribuées ; **toutes** se trouvent au troisième rang.
Les places sont attribuées, mais **plusieurs** sont restées inoccupées.

• **un pronom interrogatif**
Qui quitte la salle ?
Dans ce cas, le verbe est toujours à la 3e personne du singulier.

• **une proposition subordonnée**
Que les musiciens aient joué pendant trois heures a réjoui les spectateurs.
Dans ce cas, le verbe est toujours à la 3e personne du singulier.

• **un verbe à l'infinitif**
Savoir jouer de tous les instruments n'est pas facile.
Dans ce cas, le verbe est toujours à la 3e personne du singulier.

• **un pronom relatif** (voir fiche 23)
C'est toi **qui** quitteras la salle le dernier.

REMARQUES

1 On peut aussi trouver le sujet du verbe en l'encadrant avec *« C'est ... qui »* ou *« Ce sont ... qui »*.

Les spectateurs quittent la salle.
Ce sont les spectateurs **qui** quittent la salle.

2 Il est possible que plusieurs verbes aient le même sujet.

Chaque matin, **Léonie** se lave, se coiffe et se maquille avec soin.

23 LE SUJET *TU* – LE SUJET *ON* – LE SUJET *QUI*

On observe certaines règles concernant les sujets *tu*, *on* et *qui* qu'il faut retenir.

Le sujet *tu*

À tous les temps, à la 2e personne du singulier (sujet ***tu***), le verbe se termine par ***-s***.

Tu convainc**s** tes partenaires. **Tu** refusa**s** cette proposition.

Si **tu** te souvenai**s** du couplet de cette chanson, **tu** le chanterai**s** sans réticence.

Lorsque **tu** pénètrera**s** dans ce local, **tu** constatera**s** qu'il y fait très chaud.

REMARQUES

1 Au présent de l'indicatif, *vouloir, pouvoir, valoir* prennent un ***-x***.

Tu veu**x** un délai supplémentaire.
Tu peu**x** rapporter cet article.
Tu vau**x** largement ton adversaire.

2 À l'impératif, le sujet de la 2e personne du singulier n'est pas exprimé et les verbes du 1er groupe ne prennent pas de ***-s***.

Respire calmement.
Range tes affaires.

Le sujet *on*

On, pronom sujet, peut être remplacé par un autre pronom de la 3e personne du singulier (*il* ou *elle*) ou par un nom sujet singulier (*l'homme*).

On gagn**e** à tous les coups.
Il/Elle/L'homme gagn**e** à tous les coups.

REMARQUE

L'adjectif qualificatif et le participe passé qui se rapportent au sujet *on* sont généralement au masculin singulier.

On est toujours plus **exigeant** avec les autres qu'avec soi-même.
On serait bien **avisé** de respecter les limitations de vitesse.

Si *on* désigne explicitement plusieurs personnes (l'équivalent de *nous*), l'adjectif qualificatif et le participe passé peuvent être accordés au pluriel.

On n'est pas sûr**s** de pouvoir entrer.
Nous ne sommes pas sûr**s** de pouvoir entrer.

Le sujet *qui*

Lorsque le sujet du verbe est le pronom relatif ***qui***, celui-ci ne marque pas la personne. Il faut donc chercher son antécédent qui donne la personne et permet l'accord du verbe.

Les cascadeurs **qui** règl**ent** la poursuite des voitures prennent des risques.
Je ne ferai pas équipe avec toi **qui** redout**es** les descentes dangereuses.
C'est moi **qui** contrôler**ai** la pression de mes pneus.

REMARQUE

Le pronom relatif *qui* peut également être complément du verbe de la subordonnée ; il est alors précédé d'une préposition (*à, de, pour*...).

La personne **à qui** vous destinez ce message ne répond pas.
Le candidat **pour qui** vous avez voté est élu facilement.

24 L'ACCORD DU VERBE : CAS PARTICULIERS (1)

Le verbe s'accorde avec le sujet en personne et en nombre. Cependant, il existe certaines particularités qu'il faut connaître.

Cas particuliers (1)

- **Inversion du sujet** : le sujet se trouve placé après le verbe.

Les convives apprécient les plats que prépare **ce célèbre chef**.
C'est aussi le cas à la forme interrogative quand le sujet est un pronom personnel.
Quand arriverez-**vous** à destination ?

- Quand le sujet du verbe est **un adverbe de quantité** (*beaucoup, peu, combien, trop, tant*), le verbe s'accorde avec le complément de cet adverbe.

Peu **de pays** autorisent la chasse à la baleine.
Beaucoup **de légumes** se consomment cuits à la vapeur.
Combien **de marins** souhaitent traverser seuls l'Atlantique ?
Trop **d'enfants** ne savent pas encore nager à l'âge de dix ans.
En Afrique, pourquoi tant **de personnes** meurent-elles encore du paludisme ?

- Quand un verbe a pour sujet **un collectif** (*un grand nombre de, un certain nombre de, une partie de, la majorité de, la minorité de, une foule de, la plupart de, une infinité de, une multitude, la totalité de...*) suivi de son complément, il s'accorde, selon le sens voulu par l'auteur, avec le collectif ou avec le complément. Il n'y a pas de règle précise.

Un banc de poissons s'approche du récif.
(le banc est considéré comme une seule entité)
Un banc de poissons s'approchent du récif.
(ce sont tous les poissons qui s'approchent)

• Lorsque le verbe dépend d'**une fraction au singulier** (*la moitié, un tiers, un quart...*) ou d'**un nom numéral au singulier** (*la douzaine, la vingtaine, la centaine...*) et s'il y a un complément au pluriel, l'accord se fait avec ce complément.
Le quart des pages de ce livre **étaient** illisibles.
Un millier de concurrents **prirent** le départ du triathlon de Sarlat.
Mais si l'auteur veut insister sur le terme quantitatif, le verbe reste au singulier.
Une douzaine d'huîtres **constituera** notre repas.

REMARQUES

1 Dans une construction impersonnelle, le verbe s'accorde avec le sujet apparent (souvent *il*) mais pas avec le sujet réel qui, grammaticalement, est un COD.

Il	existe	deux issues.
sujet apparent		COD mais sujet réel
Il	manque	cinq euros.
sujet apparent		COD mais sujet réel

2 Le sujet peut être séparé du verbe par un groupe de mots ou par des pronoms compléments (voir fiche 26).

Les clientes, dans cette parfumerie, trouvent tous les produits nécessaires à leur maquillage.
Ce produit paraît miraculeux ; **les clientes** le choisissent assez souvent.

3 Le verbe *être* ayant pour sujet le pronom ***ce*** se met au pluriel quand l'attribut est un nom pluriel ou un pronom de la 3e personne du pluriel.

Ceux qui vivent, ce **sont** ceux qui luttent.

25 L'ACCORD DU VERBE : CAS PARTICULIERS (2)

Le verbe s'accorde avec le sujet en personne et en nombre. Cependant, il existe certaines particularités qu'il faut connaître.

Cas particuliers (2)

• Lorsqu'un verbe a deux sujets singuliers, il se met au pluriel.
La rivière et **le torrent**, grossis par les pluies, déval**ent** la colline.

• Il arrive que deux sujets soient des personnes différentes. Dans ce cas,
– la 1re personne l'emporte sur la 2e :
Sandra et moi recherch**ons** un appartement à louer.
– la 2e personne l'emporte sur la 3e :
Sandra et toi recherch**ez** un appartement à louer.
Pour éviter les confusions, il faut reprendre les sujets par le pronom personnel équivalent.
Sandra et moi, nous recherch**ons** un appartement à louer.

• Lorsque deux sujets sont joints par *ainsi que, aussi bien que, autant que, comme, de même que, pas plus que...*, le verbe s'accorde avec les deux sujets, sauf si l'un d'eux est dominant.
L'Argentine, ainsi que le Brésil, appartienn**ent** au continent sud-américain.
Mais : La fatigue, autant que l'ennui, entraîn**e** des bâillements.

• Lorsque plusieurs sujets singuliers de la 3e personne sont joints par *ou, ni... ni*, le verbe s'accorde avec l'ensemble des sujets si l'idée de conjonction domine.
La neige **ou** le froid perturb**ent** la circulation routière.
Ni un train **ni** un autobus ne dessерv**ent** cette bourgade.

Mais le verbe s'accorde avec le sujet rapproché si l'idée de disjonction prévaut.
Une embauche **ou** un refus **attend** le postulant au poste de magasinier.
Ni Mme Thomas **ni** M. Gérard n'**obtint** assez de suffrages pour être élu.
Les sujets sont toujours disjoints lorsqu'ils sont reliés par des locutions telles que *ou plutôt, ou même, ou pour mieux dire.*
Un verrou, **ou même** des verrous, **sécuriseront** cette maison.

- Lorsque deux sujets sont joints par *moins que, plus que, plutôt que, et non,* le verbe s'accorde avec le premier sujet.
La patience, et non la précipitation, **permettra** d'achever ce travail.
Un marteau, plutôt qu'un tournevis, **est** nécessaire pour planter le clou.
La satisfaction du devoir accompli, plus que les honneurs, **réjouit** l'élu municipal.

- Quand le verbe a pour sujet un pronom tel que *tout, rien, ce,* qui reprend plusieurs noms, il s'accorde avec ce pronom.
La musique, le théâtre, le cinéma, l'opéra, **tout plaît** à Jordi.
Une tarte, une glace, un gâteau au chocolat, un sorbet, **rien** ne **satisfait** Rachel.

- Après *plus d'un,* le verbe se met au singulier ; après *moins de deux,* il se met au pluriel.
Plus d'un mathématicien **a** tenté de résoudre la quadrature du cercle.
Moins de deux tentatives **ont** suffi pour arrimer la montgolfière.

26 LES PRONOMS PERSONNELS COMPLÉMENTS

Les pronoms personnels compléments sont placés près du verbe. Mais quels que soient les mots qui le précèdent immédiatement, le verbe conjugué à un temps simple s'accorde toujours avec son sujet.

Le, la, l', les

Les pronoms ***le, la, l', les*** placés devant le verbe sont des pronoms personnels de la 3e personne, généralement compléments d'objet directs du verbe.

Ce bijou, Loana **le** porte en sautoir.
Cette montre, tu **la** mets à l'heure.
Ce rubis, le bijoutier **l'**examine.
Ces bagues, vous **les** admirez.

REMARQUE

À l'impératif affirmatif, le pronom complément est placé immédiatement après le verbe auquel il est relié par un trait d'union.

Ce document, signez-**le**.
Ces disques, écoute-**les**.
Cette émission, regarde-**la**.

En, y

Les pronoms personnels ***en*** et ***y*** ne sont jamais sujets du verbe, mais compléments d'objet ou compléments de lieu du verbe.

De la salade, j'**en** mange souvent.
Ce pays, tu **y** vas souvent.

Me, te, se, nous, vous

Devant les verbes pronominaux, on trouve aussi des pronoms personnels qui représentent la même personne que le sujet. Ils ne perturbent pas l'accord du verbe avec son sujet.

Je ne **me** dérange pas pour rien.
Tu **t'**ennuies à mourir.
Vous **vous** égarez dans la forêt.
Elles **se** maquillent.

REMARQUE

On rencontre également des pronoms personnels des 1res et 2es personnes qui sont compléments du verbe.

Tu **m'**ennuies avec tes histoires.
Je **te** parle calmement.
Il **vous** retrouve au sous-sol.
Il **nous** plaît beaucoup.

Leur

Leur, placé près du verbe quand il est le pluriel de *lui*, est un pronom personnel complément qui demeure invariable.

Le moniteur de ski est prudent, on **lui** fait confiance.
Les moniteurs de ski sont prudents, on **leur** fait confiance.

REMARQUE

Il ne faut pas confondre *leur* pronom personnel avec *leur(s)*, adjectif possessif.

Ils **leur** demandent **leurs** adresses.
pr. pers. compl. — adj. possessif

27 NOM OU VERBE ?

Il ne faut pas confondre les noms avec les formes conjuguées d'un verbe. Ils peuvent être homophones, mais leur orthographe est très souvent différente.

On ne **met** pas tous ses œufs dans le même panier.
Le gastronome n'apprécie que les **mets** raffinés.

Confusion due à la prononciation

Ces homonymes peuvent être :

- **un nom et une forme conjuguée au présent de l'indicatif**

Le maire **ceint** son écharpe. — donner le **sein** à un enfant
Ils **mentent** avec aplomb. — du sirop de **menthe**

- **un nom et une forme conjuguée à l'imparfait de l'indicatif**

Tu **laçais** tes chaussures. — les **lacets** de chaussures
Il **filait** à vive allure. — le **filet** à papillons

- **un nom et une forme conjuguée au passé simple**

Il **mit** trois minutes pour me rejoindre.
Aimez-vous la **mie** de pain ?
Nous **rîmes** aux éclats. — les **rimes** d'un poème

- **un nom et une forme conjuguée au futur simple**

Les cuisiniers **napperont** les gâteaux.
broder un **napperon**
Je **couperai** le pain. — le **couperet** de la guillotine

- **un nom et une forme conjuguée au présent du subjonctif**

Il faut que j'**aille** me laver. — une pointe d'**ail** dans le gigot
Je crains qu'il **faille** renoncer. — un relief de **failles**

- **un nom et le participe passé du verbe**

Je ne t'ai pas **cru**. — les **crues** de la Loire
Farid est **né** un mardi. — avoir le **nez** creux

REMARQUES

1 Certains noms ont pour homonymes des verbes à l'infinitif.

On verse du **chlore** dans l'eau de la piscine.
Il faut **clore** cette aventure.

2 Il existe quelques homographes que seul le sens permet de distinguer.

L'éleveur **trait** ses vaches deux fois par jour.
tracer un **trait** rouge

3 Quelquefois, c'est l'agglutination du verbe conjugué et du pronom qui le précède qui est homophone d'un nom.

Ce médicament, nous ne **l'avions** pas pris.
L'avion atterrit.

Cette photo, tu **l'affiches** sur tous les murs.
J'admire **l'affiche** du spectacle.

Ces deux objets métalliques **s'attirent**.
le **satyre** de la mythologie grecque

La **laitue** est une salade craquante.
Les mouches, tu **les tues** avec une tapette.

Comment éviter toute confusion ?

Pour distinguer ces homonymes, il est possible de conjuguer le verbe.

Elles se **piquent** (se piquaient) parfois les doigts.
le **pic** du Midi
Il se peut qu'il **fasse** (que nous fassions) un détour.
jouer à pile ou **face**

28 LE PARTICIPE PASSÉ EMPLOYÉ AVEC L'AUXILIAIRE *ÊTRE*

Le participe passé employé avec l'auxiliaire *être* s'accorde en genre et en nombre avec le nom (ou le pronom) principal du groupe sujet du verbe.

Conjugaison avec l'auxiliaire *être*

Se conjuguent avec l'auxiliaire *être* :

- **quelques verbes intransitifs** exprimant un mouvement ou un changement d'état *(aller, arriver, partir, rester, tomber, sortir, mourir, entrer, naître, retourner, venir* et ses dérivés, *éclore, décéder*) ;

Les grêlons sont tombé**s** sur le verger.
La caravane est enfin parti**e**.

- **les verbes à la voix passive** ;

La croissance est tiré**e** par la consommation.
Les copies sont corrigé**es** par les examinateurs.

- **les verbes pronominaux** (voir fiche 34).

Les deltaplanes se sont posé**s** en douceur.
Mélodie s'est couché**e** tôt.

Autres cas

- Quelques verbes, selon le sens (intransitif ou transitif), peuvent être conjugués avec l'auxiliaire *être* ou l'auxiliaire *avoir.*

Ils sont passé**s** nous voir.
Ils ont passé leur permis.
Elle est rentré**e**.
Elle a rentré sa voiture.

- Employé à un temps composé, le verbe *être* se conjugue avec l'auxiliaire *avoir* ; son participe passé est toujours invariable.

Ils ont **été** de bonne foi.
Nous avons **été** en difficulté.

Le participe passé

REMARQUES

1 Le participe passé employé avec *être*, qu'il soit à un temps simple ou à un temps composé, s'accorde toujours avec le sujet.

Henri est prévenu par téléphone.
Henri a été prévenu par téléphone.

Ninon est prévenu**e** par téléphone.
Ninon a été prévenu**e** par téléphone.

Les pompiers sont prévenu**s** par téléphone.
Les pompiers ont été prévenu**s** par téléphone.

Elles sont prévenu**es** par téléphone.
Elles ont été prévenu**es** par téléphone.

2 Pour les 1re et 2e personnes – singulier et pluriel –, seule la personne qui écrit sait quel est l'accord.
Je suis né en juillet.
→ C'est un homme qui parle.
Tu es né**e** en juillet.
→ On parle à une femme.
Vous êtes né**s** en juillet.
→ On parle à des hommes.
Nous sommes né**es** en juillet.
→ Ce sont des femmes qui parlent.

3 Quand le sujet est le pronom *on*, on peut, ou non, accorder le participe passé (voir fiche 23).

Il y avait beaucoup de circulation, on est arrivé(es) en retard.

4 Lorsque le sujet du verbe est le pronom personnel de politesse *vous*, le participe passé s'accorde seulement en genre.

Êtes-vous parvenu(e) à joindre le directeur ?

29 IDENTIFIER LE COMPLÉMENT D'OBJET DIRECT

Le complément d'objet direct (COD) représente l'être, la chose, l'idée, l'intention sur lesquels porte l'action exprimée par le verbe.

Règles générales

• Le COD se rattache directement au verbe, sans préposition. Un verbe qui admet un COD est un verbe transitif.
Ophélie rencontre **ses amies**.
J'oublie **que j'ai un rendez-vous**.

• Pour trouver le COD, on pose la question « qui ? » ou « quoi ? » après le verbe.

Ophélie rencontre qui ?	**ses amies**	→ COD
J'oublie quoi ?	**que j'ai un rendez-vous**	→ COD

Pour ne pas confondre le COD avec l'attribut, il faut se souvenir que :
– le COD et le sujet évoquent des éléments distincts l'un de l'autre ;
Myriam renouvelle son abonnement. (son abonnement → COD)
– l'attribut du sujet et le sujet évoquent le même élément.
Myriam restera la dernière. (la dernière → attribut)
C'est pourquoi on ne trouve jamais de COD après les verbes d'état.
Exception : Pour les verbes de forme pronominale, le pronom personnel COD placé devant le verbe peut désigner la même personne.
Il se trompe. (Il trompe lui-même.)

REMARQUES

1 Le COD est généralement placé après le verbe et il n'est pas déplaçable, sauf s'il est repris par un pronom.
Le chauffeur redoute **la nuit**.
La nuit, le chauffeur **la** redoute.

2 Le COD peut être placé avant le verbe :

– dans une phrase interrogative
Que voulez-vous ?

– dans une phrase exclamative
Quel beau tapis vous avez !

3 En général, le COD ne peut être supprimé sans dénaturer le sens de la phrase. Mais, certains verbes peuvent être employés sans COD.

Il mange des tartines. Il mange.

4 Le COD peut être précédé d'un article partitif (*du, de la, de l'*) qu'il ne faut pas confondre avec une préposition.

Il mange du foie. Il souffre du foie.
On ne dit pas : « Il souffre le foie. »
→ *le foie* n'est pas COD dans ce cas.

Les différents COD

- **un nom ou un groupe nominal**

Il cueille **les fleurs.** Il cueille **les fleurs du jardin.**

- **un pronom** (personnel, démonstratif, possessif, indéfini, interrogatif, relatif)

Tu **le** prends. Je prends **ceci.** Je prends **le mien.**
Tu prends **tout.** **Que** prends-tu ? Voici le livre **que** tu prends.

- **une subordonnée**

Je devine **que tu aimes la lecture.**

- **un infinitif** (ou un groupe verbal à l'infinitif)

Nous voudrions **répondre.**

30 IDENTIFIER LE COMPLÉMENT D'OBJET INDIRECT

Le complément d'objet indirect (COI) représente l'être, la chose, l'idée, l'intention vers lesquels se dirige l'action exprimée par le verbe.

Règles générales

- Le COI se rattache au verbe par une préposition (*à, aux* ou *de*), sauf s'il s'agit d'un pronom.

Ce collectionneur s'intéresse **aux timbres**.
Ce collectionneur se soucie **de ses timbres**.

- Pour trouver le COI, on pose généralement les questions « à qui ? », « de qui ? », « à quoi ? », « de quoi ? » après le verbe.

Ce collectionneur s'intéresse à quoi ? **aux timbres** → COI
Ce collectionneur se soucie de quoi ? **de ses timbres** → COI

REMARQUES

1 Le COI est généralement placé après le verbe. Il n'est pas déplaçable, sauf s'il est repris par un pronom.

Le chauffeur résiste **à la fatigue**.
La fatigue, le chauffeur **lui** résiste.

2 En général, le COI ne peut être supprimé sans dénaturer le sens de la phrase ou la rendre incompréhensible. Cependant, certains verbes peuvent être employés sans COI.

Il joue **du violon**. Il joue.

3 Lorsque le verbe se construit avec un COD et un COI, le COI est appelé complément d'objet second (COS) ou complément d'attribution.

Le Père Noël distribue **des jouets** (COD) **aux enfants** (COS).

Lorsque le verbe se construit avec deux COI, celui introduit par *de* est appelé COI et celui introduit par *à* COS.

Le Père Noël s'occupe **de la distribution des jouets** (COI) **aux enfants** (COS).

4 Il ne faut pas confondre le COI, précédé d'une préposition, avec le COD précédé d'un article partitif (*du, de la, de l'*).

Il mange **de la viande**. (COD)

On peut écrire : Il mange **la viande**.

Il souffre **de l'estomac**. (COI)

On ne peut pas écrire : Il souffre **l'estomac**.

Les différents COI

• **un nom ou un groupe nominal**

Le géologue s'attend **à une éruption**.

Le géologue se préoccupe **de l'état du volcan**.

• **un pronom** (personnel, démonstratif, possessif, indéfini, interrogatif, relatif)

Je **lui** parle.

Je parle **de cela**.

Tu parles **aux autres**.

Voici ce **dont** tu parles.

J'**en** parle.

Je parle **des miens**.

À qui parles-tu ?

• **un infinitif** (ou un groupe verbal à l'infinitif)

Vous nous aidez **à déplacer ce meuble**.

• **une proposition subordonnée**

Le géologue se doutait **qu'il s'agissait d'une éruption**.

31 LE PARTICIPE PASSÉ EMPLOYÉ AVEC L'AUXILIAIRE *AVOIR*

Le participe passé employé avec l'auxiliaire *avoir* ne s'accorde jamais avec le sujet du verbe.
Ce pull en coton a rétréc**i** au lavage.
Ces chaussettes rayées ont rétréc**i** au lavage.

L'accord du participe passé avec l'auxiliaire *avoir*

Le participe passé employé avec l'auxiliaire *avoir* s'accorde avec le complément d'objet direct (COD) du verbe, seulement si celui-ci est placé avant le participe passé.
Pour trouver le COD, on pose la question « qui ? » ou « quoi ? » après le verbe.

Au concert, Grégory a retrouvé ses amis.
Grégory a retrouvé qui ? **ses amis**
Comme le COD est placé après le verbe, il n'y a pas d'accord.

Ses amis, Grégory les a retrouvé**s** au concert.
Grégory a retrouvé qui ? **les** (mis pour **ses amis**)
COD placé avant le verbe → accord

REMARQUES

1 Si, dans une question, le COD est placé avant le participe passé, il s'accorde.

Quelles contraintes avez-vous rencontr**ées** ?
COD → quelles contraintes

Combien de kilomètres as-tu parcour**us** ?
COD → combien de kilomètres

2 Il ne faut pas confondre le complément d'objet indirect (COI), qui peut être placé avant le participe passé, avec le COD.

Les spectateurs ont applaudi ; la pièce leur a plu.
La pièce a plu à qui ? à **leur** (mis pour **les spectateurs**) → COI

Les pronoms COD

Placé devant le participe passé, le COD est le plus souvent un pronom qui ne nous renseigne pas toujours sur le genre ou le nombre.
Il faut donc chercher le nom que remplace le pronom pour bien accorder le participe passé.

- **pronom personnel**

Les chevrons, les charpentiers **les** ont pos**és**.
COD **les** (mis pour **les chevrons**) → accord au masculin pluriel
La poutre, les charpentiers **l'**ont pos**ée**.
COD **l'** (mis pour **la poutre**) → accord au féminin singulier

- **pronom relatif**

Les chevrons **que** les charpentiers ont pos**és** sont en chêne.
COD **que** (mis pour **les chevrons**) → accord au masculin pluriel
La poutre **que** les charpentiers ont pos**ée** est en chêne.
COD **que** (mis pour **la poutre**) → accord au féminin singulier

REMARQUE

Le participe passé suivi d'un attribut d'objet direct s'accorde avec cet objet si celui-ci précède le participe passé.

Cette île, les navigateurs l'ont cru**e** déserte.

32 LE PARTICIPE PASSÉ SUIVI D'UN INFINITIF

Le participe passé suivi d'un infinitif obéit à certaines règles d'accord qu'il faut connaître.

Règles générales

Le participe passé, employé avec l'auxiliaire *avoir*, ne s'accorde que si le COD, placé avant le participe passé, fait l'action exprimée par l'infinitif.

Les acteurs **que** j'ai vu**s** jouer formaient une troupe parfaitement homogène.

Recherche du COD → J'ai vu quoi ? **que** (mis pour **les acteurs**)
Recherche de l'auteur de l'action de l'infinitif → Ce sont **les acteurs** qui jouent.
Comme le COD, placé avant le participe passé, fait l'action exprimée par l'infinitif, on accorde le participe passé avec ce COD.

La pièce **que** j'ai vu jouer a beaucoup ému le public.

Recherche du COD → J'ai vu quoi ? **que** (mis pour **la pièce**)
Recherche de l'auteur de l'action de l'infinitif → Ce n'est pas **la pièce** qui joue.
Comme le COD, placé avant le participe passé, ne fait pas l'action exprimée par l'infinitif, on n'accorde pas le participe passé avec ce COD.

REMARQUES

1 Si l'infinitif peut être suivi d'un complément d'agent introduit par la préposition *par*, le participe passé reste invariable.

La pièce que j'ai vu jouer **par les acteurs** a beaucoup ému le public.

2 Si l'infinitif a un COD, on accorde le participe passé.

Ce sont ces acteurs que j'ai vu**s** jouer **une pièce de Tchekhov**.

Autres cas

• Le participe passé *fait* suivi d'un infinitif est toujours **invariable.**
Sa moto, Martin l'a fait réparer.
Ses articles, le journaliste les a fait relire.
En effet, le participe passé *fait*, suivi d'un infinitif, fait corps avec cet infinitif qui est considéré comme le COD de *fait.*
D'ailleurs, on peut toujours placer un complément d'agent :
Sa moto, Martin l'a fait réparer par le mécanicien du quartier.
Ses articles, le journaliste les a fait relire par un correcteur professionnel.

• Le participe passé *laissé* suivi d'un infinitif peut s'accorder si le COD, placé avant le participe passé, fait l'action exprimée par l'infinitif.
Voici les canaris que William a laissé**s** s'envoler.
Les canaris font bien l'action de s'envoler.
→ accord de *laissé* avec le COD
Voici les canaris que William a laissé élever par son oncle.
Ce ne sont pas les canaris qui élèvent, mais l'oncle.
→ pas d'accord de *laissé* avec le COD

REMARQUES

1 L'usage autorise désormais qu'on applique à *laissé* la même règle qu'à *fait*, c'est-à-dire de le considérer comme toujours invariable.

2 Certains participes passés, marquant une opinion ou une déclaration et suivis d'un infinitif, sont invariables.

Ces propos que vous m'avez dit être de Germain sont-ils véridiques ?
Voici des légumes qu'on a reconnu être des produits biologiques.

33 LE PARTICIPE PASSÉ PRÉCÉDÉ DE *EN* ET PARTICULARITÉS

Les participes passés obéissent à certaines règles d'accord qu'il faut connaître.

Le participe passé précédé de *en*

Lorsque le COD du verbe est le pronom *en*, le participe passé reste invariable.

J'ai apporté des gâteaux et nous **en** avons mangé.

REMARQUE

Le verbe précédé de *en* peut avoir un COD placé avant lui. Le participe passé s'accorde alors avec ce COD.

Olivier est allé au Mexique ; je conserve les statuettes **qu**'il m'en a rapporté**es**.

il a rapporté quoi ?

qu' (mis pour **les statuettes**) → accord au féminin pluriel

Autres cas

• Le participe passé des verbes impersonnels, ou employés à la forme impersonnelle, reste invariable.

La somme qu'il a manqué à Jordi n'était pas très importante.

Cette protection, il l'aurait fallu plus étanche.

• Avec certains verbes (*courir, coûter, dormir, peser, régner, valoir, durer, vivre*), le participe passé s'accorde avec le pronom relatif *que* si ce pronom est bien COD.

Les compliments que son attitude courageuse lui a valu**s** étaient mérités.

Il ne s'accorde pas si *que* est complément circonstanciel de valeur, de prix, de durée, de poids... .
Les six mille euros que cette moto vous a coûté me paraissent bien exagérés.

• Les participes passés *dû, cru, pu, voulu* sont invariables quand ils ont pour COD un infinitif sous-entendu.
M. Louis n'a pas réalisé toutes les démarches qu'il aurait dû.
(COD sous-entendu : **effectuer**)
Mais on écrira :
M. Louis s'est entièrement libéré des sommes qu'il a du**es**.
Il a dû quoi ? COD → **qu'** (mis pour **des sommes**) → accord au féminin pluriel

• Lorsque le COD, placé devant le participe passé, est un collectif suivi de son complément, l'accord se fait soit avec le collectif, soit avec le complément, selon le sens voulu par l'auteur.
Si l'auteur veut insister sur le flot, véritable marée humaine, il écrira :
C'est un véritable flot de visiteurs que les gardiens du musée ont accueilli.
S'il veut insister sur les visiteurs, il écrira :
C'est un véritable flot de visiteurs que les gardiens du musée ont accueilli**s**.

• Le participe passé suivi d'un attribut d'objet direct s'accorde avec cet objet si celui-ci précède le participe passé.
La femme enfermée dans la malle, tout le public l'a cru**e** découpée en morceaux !
Ces escaliers, je les aurais voulu**s** moins raides.

34 LE PARTICIPE PASSÉ DES VERBES PRONOMINAUX

Le participe passé d'un verbe pronominal obéit à certaines règles d'accord.

Règles générales

Le participe passé d'un verbe employé à la forme pronominale s'accorde en genre et en nombre avec le COD quand celui-ci est placé avant le participe passé.

• Souvent, ce COD est un pronom personnel de la même personne que le sujet ; on peut alors dire que le participe passé s'accorde avec le sujet du verbe.

Ces blessés **se** sont vite rétabli**s**.
Rose s'est brûlé**e** légèrement.

• Mais le verbe peut avoir un COD et le pronom réfléchi peut être complément d'attribution. Le participe s'accorde alors avec le COD placé avant lui.

Rose s'est brûlé **les mains**.
Ce sont les mains que Rose s'est brûl**ées**.

REMARQUES

1 Le participe passé employé dans la conjugaison d'un verbe essentiellement pronominal s'accorde en genre et en nombre avec le sujet.

Les preuves se sont évanoui**es**.
Les perdreaux se sont envolé**s**.

2 Le participe passé du verbe *s'arroger* ne s'accorde jamais avec le sujet. Il s'accorde avec le COD lorsque celui-ci est placé avant lui.

Elles s'étaient arrogé des titres.
Ce sont les titres qu'elles s'étaient arrogé**s**.

Autres cas

• Lorsque le participe passé d'un verbe pronominal est suivi d'un infinitif, on applique les mêmes règles que pour le participe passé employé avec l'auxiliaire *avoir* suivi d'un infinitif (voir fiche 32).

Elles se sont fait faire un brushing.

Ils se sont laissé**s** retomber. Elles se sont laissé coiffer.

• Le participe passé employé dans la conjugaison d'un verbe pronominal à sens réciproque s'accorde avec le sujet du verbe si le pronom personnel réfléchi a valeur de COD.

Les boxeurs **se** sont affronté**s**.

Les bouchers **se** sont servi**s** de couteaux.

• Le participe passé employé dans la conjugaison d'un verbe pronominal à sens passif s'accorde toujours avec le sujet du verbe.

Les robes soldées se sont arrach**ées**.

REMARQUE

Si le pronom personnel réfléchi a valeur de COI, on distingue trois cas :

– Il n'y a pas de COD → le participe passé reste invariable

Les événements se sont succédé.

Principaux verbes suivant cette règle : *se succéder, se parler, se plaire, se nuire, se ressembler, se suffire, s'en vouloir, se convenir, se mentir...*

– Il y a un COD placé après le participe → le participe passé reste invariable

Les adversaires se sont reproché leurs erreurs.

– Il y a un COD placé avant le participe → le participe passé s'accorde avec le COD

Voici les erreurs que les adversaires se sont reproch**ées**.

35 FORMES VERBALES EN -*É*, -*ER* OU -*EZ*

On peut hésiter entre les formes verbales aux terminaisons homophones en (é).

Confusion due à la prononciation

Lorsqu'on entend le son (é) à la fin d'un verbe du 1er groupe, plusieurs terminaisons sont possibles :

• ***-er*** si le verbe est à l'infinitif ;
Nous allons **fermer** la porte.
Pour **fermer** la porte, pousse le verrou.

• ***-é*** s'il s'agit du participe passé ;
Nous avons **fermé** la porte.
La porte **fermée**, tu peux être tranquille.

• ***-ez*** s'il s'agit de la terminaison de la 2e personne du pluriel du présent de l'indicatif ou de l'impératif.
Vous **fermez** la porte brusquement.
Fermez la porte.

REMARQUE

Le participe passé terminé par ***-é*** peut s'accorder, s'il est employé :
– comme adjectif épithète
garder les volets ferm**és**
– comme adjectif attribut
Les volets sont ferm**és**.
– comme adjectif placé en apposition
Ferm**ée**, la porte ne claque pas.
– avec l'auxiliaire *être*
Les fenêtres seront ferm**ées** par le vent.
– avec l'auxiliaire *avoir* et si le COD est placé avant le participe passé
Les fenêtres, les as-tu bien ferm**ées** ?

Comment éviter toute confusion ?

Pour distinguer les diverses terminaisons des verbes du 1er groupe, on peut remplacer la forme pour laquelle on hésite par un verbe du 2e ou du 3e groupe ; on entend alors la différence.

- **infinitif**

Nous allons **fermer** la porte.
→ Nous allons **ouvrir** la porte.
Pour **fermer** la porte, pousse le verrou.
→ Pour **ouvrir** la porte, pousse le verrou.

- **participe passé**

Nous avons **fermé** la porte.
→ Nous avons **ouvert** la porte.
La porte **fermée**, tu peux être tranquille.
→ La porte **ouverte**, tu peux être tranquille.

- **2e personne du pluriel**

Vous **fermez** la porte brusquement.
→ Vous **ouvrez** la porte brusquement.

REMARQUES

1 Même si le sens n'est pas toujours respecté, il est préférable, par souci d'efficacité, de choisir toujours le même verbe pour effectuer cette substitution.

2 Lorsque les verbes *aller, devoir, pouvoir, falloir* sont suivis d'un verbe, celui-ci est toujours à l'infinitif.

Il va/doit/peut/faut **fermer** la porte.

3 Ne pas oublier que le participe passé s'accorde dans certains cas (voir fiches 13, 28, 31 à 34).

36 PARTICIPE PASSÉ OU VERBE CONJUGUÉ ?

À l'oral ou à l'écrit, il n'est pas rare d'hésiter entre le participe passé et le verbe conjugué. Il faut donc savoir distinguer ces formes.

Confusion due à la prononciation

Lorsqu'on entend le son (i) ou le son (u) à la fin d'une forme verbale, il peut s'agir :

• du verbe conjugué qui prend alors les terminaisons de son temps ; **présent de l'indicatif**

finir → Je fin**is** mon travail. *sourire* → Je sour**is** aux anges.

passé simple

courir → Je cour**us** lentement. *partir* → Je part**is** à l'aube.

• du participe passé terminé par ***-i*** ou ***-u***.

finir → J'ai fin**i** mon travail. *sourire* → J'ai sour**i** aux anges.

courir → J'ai cour**u** lentement. *partir* → Je suis part**i** à l'aube.

REMARQUE

Le participe passé peut éventuellement s'accorder.

des travaux fini**s**

Une récompense est attendu**e.**

Comment éviter toute confusion ?

Pour distinguer ces formes, on peut les remplacer par une autre forme verbale.

• Si c'est possible, il s'agit alors d'un verbe conjugué :

Alban **dormit** sur ses deux oreilles.

→ Alban **dormait** sur ses deux oreilles.

Jules César **connut** la gloire.

→ Jules César **connaissait** la gloire.

• Dans le cas contraire, il s'agit du participe passé en ***-i*** ou en ***-u***.

REMARQUES

1 Certains participes passés se terminent par ***-is*** ou ***-it*** au masculin singulier.

un candidat admi**s**
un château maudi**t**

Pour ne pas se tromper, on remplace par un nom féminin et on fait l'accord ; on entend alors la lettre finale.

une candidate admis**e**
une région maudit**e**

2 Les participes passés *dû, mû, crû* (verbe *croître*), *recrû* (verbe *recroître*) ne prennent un accent circonflexe qu'au masculin singulier.

Ayant perdu sa boussole, l'explorateur a **dû** rebrousser chemin.
Ce moulin fonctionne **mû** par la force du vent.
Cette machine, **mue** par l'électricité, devra être réparée.
Les arbres ont **crû** rapidement.

3 Les participes passés *cru* (verbe *croire*), *recru* (*harassé*), *accru* (verbe *accroître*), *décru* (verbe *décroître*) ne prennent jamais d'accent circonflexe.

Il a **cru** voir la terre.
Il est **recru** de fatigue.
Ce commerçant a **accru** son bénéfice.
Le niveau des eaux a **décru** rapidement.

37 EST – ES – ET – AI – AIE – AIES – AIT – AIENT / A – AS – À

Plusieurs formes des verbes *avoir* et *être* sont homophones. Il faut savoir les distinguer.

est – es – et
ai
aie – aies – ait – aient

Il ne faut pas confondre :

• ***est, es*** : formes des 3ᵉ et 2ᵉ personnes du singulier de l'auxiliaire *être* au présent de l'indicatif.

On écrit *est, es* quand on peut les remplacer par les formes d'un autre temps simple de l'indicatif.

José **est** courageux. → José **était** courageux.
Tu **es** courageux. → Tu **étais** courageux.

La présence du pronom personnel de la 2ᵉ personne du singulier indique la terminaison.

• ***et*** : conjonction de coordination reliant deux groupes de mots ou deux parties d'une phrase.

On peut remplacer la conjonction *et* par *et puis*.

José est courageux **et** intrépide. → José est courageux **et puis** intrépide.

• ***ai*** : 1ʳᵉ personne du singulier au présent de l'indicatif de l'auxiliaire *avoir*.

On écrit *ai* quand on peut remplacer par une autre personne du présent de l'indicatif.

J'**ai** du courage. → Nous **avons** du courage.

• ***aie, aies, ait, aient*** : formes du verbe *avoir* au présent du subjonctif.
Pour éviter toute confusion, il faut d'abord identifier le mode subjonctif. Pour cela, il suffit de changer de personne.
Il faut que j'**aie** du courage. → Il faut que nous **ayons** du courage.
Il faut que tu **aies** du courage. → Il faut que nous **ayons** du courage.
Il faut que le pompier **ait** du courage. → Il faut que vous **ayez** du courage.
Il faut que les pompiers **aient** du courage. → Il faut que vous **ayez** du courage.
On doit ensuite bien distinguer les différentes personnes en repérant les pronoms ou les noms sujets.

a – as – à

Il ne faut pas confondre :

• ***a, as*** : formes des 3e et 2e personnes du singulier de l'auxiliaire *avoir* au présent de l'indicatif.
On écrit *a, as* quand on peut les remplacer par les formes d'un autre temps simple de l'indicatif.
Élodie **a** froid. → Élodie **avait** froid.
Tu **as** froid. → Tu **avais** froid.
La présence du pronom personnel de la 2e personne du singulier indique la terminaison.

• **à** : préposition.
Élodie va **à** la piscine.
Élodie utilise une machine **à** calculer.
Élodie est **à** l'heure.
Élodie parle **à** Naïma.

38 TOUT – TOUS – TOUTE – TOUTES

Tout peut prendre différentes formes qu'il faut reconnaître pour effectuer correctement les accords.

Confusion due à la prononciation

Il ne faut pas confondre :

• ***tout*** : déterminant indéfini quand il se rapporte à un nom auquel il s'accorde en genre et en nombre. Il est généralement suivi d'un second déterminant.

tout le jour
tous les mois
toute cette journée
toutes les semaines

• ***tout*** : pronom indéfini quand il remplace un nom. Il est alors sujet ou complément du verbe.
Au singulier, *tout*, pronom, est employé seulement au masculin. Au pluriel, *tout* devient *tous* ou *toutes* (on entend la différence entre ces deux formes).

Tout devrait être terminé à vingt heures.
→ **Tous** veulent assister au concert.
→ Ces chansons, on les connaît **toutes**.

• ***tout*** : adverbe, le plus souvent invariable, quand il est placé devant un adjectif qualificatif ou un autre adverbe. On peut alors le remplacer par *tout à fait*.

Les spectateurs sont **tout** étonnés.
→ Les spectateurs sont **tout à fait** étonnés.
La salle est **tout** étonnée. → La salle est **tout à fait** étonnée.
L'orchestre joue **tout** doucement.
→ L'orchestre joue **tout à fait** doucement.

• ***tout*** : peut être un nom précédé d'un déterminant.

Le jeu de ces musiciens forme un **tout** agréable.

REMARQUES

1 Quand on hésite entre le singulier et le pluriel pour certaines expressions, on place un déterminant entre *tout* et le nom.

rouler **tous** feux éteints
rouler **tous** les feux éteints
aimer de **tout** cœur
de **tout** son cœur

2 Quand *tout* adverbe est placé devant un adjectif qualificatif féminin commençant par une consonne (en particulier un ***h*** aspiré), il s'accorde par euphonie, c'est-à-dire pour que la prononciation soit plus facile.

La brioche est **toute** froide.
Les spectatrices sont **toutes** surprises.

Les adjectifs commençant par un ***h*** aspiré sont peu nombreux : *hardie, honteuse, hagarde, hérissée, hachée...*

3 Pour certaines phrases, il faut bien étudier le sens pour reconnaître la nature de *tout*. En remplaçant *tout* par *tout à fait*, on peut souvent faire la distinction :

– entre le pronom et l'adverbe ;

Ces étudiants sont **tout** attentifs.

(*tout à fait* attentifs → adverbe)

Ces étudiants sont **tous** attentifs.

(*tous* sont attentifs → pronom)

– entre l'adverbe et le déterminant.

Nous avons fait un **tout** autre choix.

(*tout à fait* autre → adverbe)

À **toute** autre ville, je préfère Paris.

(*à n'importe quelle* ville → déterminant)

39 MÊME – MÊMES

Même peut prendre différentes formes qu'il faut savoir reconnaître.

Confusion due à la prononciation

Il ne faut pas confondre :

• ***même*** : adjectif ou déterminant indéfini quand il se rapporte à un nom (ou un pronom) avec lequel il s'accorde en nombre. Il a alors le sens de *pareil, semblable*.

Ces deux tables ont les **mêmes** pieds ; elles sont de la **même** époque.

Ces deux mélodies commencent par les **mêmes** notes.

Lorsque *même* se rapporte à un pronom, il lui est relié par un trait d'union.

M. Chevrier prépare lui-**même** ses confitures.

Nous tapisserons nous-**mêmes** les murs de notre appartement.

Les informaticiens eux-**mêmes** ne purent détruire ce virus.

• ***même*** : adverbe invariable, quand il modifie le sens :

– d'un verbe ;

Les vrais collectionneurs achètent **même** les tableaux de peintres inconnus.

– d'un adjectif ;

Ce produit fait disparaître les taches, **même** les plus importantes.

– ou quand il est placé devant le nom précédé de l'article.

Même les navires de fort tonnage ne se risquent pas en mer aujourd'hui.

Dans ces cas, on peut remplacer *même* par un autre adverbe : *également, aussi, y compris, exactement...*

• ***même*** : pronom quand il est précédé d'un article et qu'il remplace un nom.
Ton pull me plaît, je veux le **même**. Ta veste me plaît, je veux la **même**.
Tes pulls me plaisent, je veux les **mêmes**. Tes bottes me plaisent, je veux les **mêmes**.

REMARQUES

1 *Vous-même* s'écrit avec ou sans ***-s*** selon que cette expression désigne plusieurs personnes ou une seule personne (singulier de politesse).

Marie et toi avez fait vous-**mêmes** toutes les démarches.
Avez-vous vous-**même** vérifié ce travail ?

2 *Même* est également adverbe dans certaines expressions :
à même, tout de même, de même, même si, quand même...

Personne n'est **à même** de donner la bonne réponse.
Malgré les incertitudes, nous partirons **tout de même**.
Même si vous rencontrez des obstacles,
vous franchirez cette barre rocheuse.

3 **Il ne faut pas confondre :**

– *même,* adverbe invariable, placé après un nom ;

Les maîtres nageurs **même** ne se baignent pas dans cette mer démontée.
(On peut dire : **Même** les maîtres nageurs ne se baignent pas.)

– *même,* adjectif placé également après le nom avec lequel il s'accorde.

Les maîtres nageurs **mêmes** sont à leur poste.
(*Même* a alors le sens de *identique* à)

Cet emploi est très rare.

40 QUEL(S) – QUELLE(S) – QU'ELLE(S)

Quel peut prendre différentes formes qu'il faut reconnaître pour effectuer correctement les accords.

Confusion due à la prononciation

Il ne faut pas confondre :

- ***quel*** : adjectif interrogatif, qui s'accorde avec le nom qu'il accompagne.
Il peut être **épithète** :
De **quel** quartier êtes-vous originaire ?
De **quelle** ville êtes-vous originaire ?
Quels livres avez-vous lus récemment ?
Quelles revues avez-vous lues récemment ?
ou **attribut** :
Quel est ce bruit ?
Quelle est cette mélodie ?
Quels sont ces bruits ?
Quelles sont ces mélodies ?

- ***quel*** : adjectif exclamatif, qui s'accorde avec le nom qu'il accompagne.
Il peut être **épithète** :
Quel bel immeuble !
Quelle belle maison !
Quels beaux immeubles !
Quelles belles maisons !
ou **attribut** :
Quel fut ton étonnement !
Quelle fut ta surprise !
Quels furent vos applaudissements !
Quelles furent vos émotions !

• ***qu'elle(s)*** : contraction de *que elle(s)*, pronom relatif ou conjonction de subordination suivi d'un pronom personnel féminin.

– pronom relatif
La cliente est décidée, voici le modèle **qu'elle** a choisi.
Les clientes sont décidées, voici le modèle **qu'elles** ont choisi.

– conjonction de subordination
La limite, il est probable **qu'elle** a été franchie.
Les limites, il est probable **qu'elles** ont été franchies.

En remplaçant le pronom personnel féminin *elle* par le pronom personnel masculin *il*, on entend alors la différence.
Le client est décidé, voici le modèle **qu'il** a choisi.
Les clients sont décidés, voici le modèle **qu'ils** ont choisi.
Le repère, il est probable **qu'il a** été franchi.
Les repères, il est probable **qu'ils** ont été franchis.

REMARQUES

1 Le pronom relatif *lequel* s'accorde lui aussi en genre et en nombre avec son antécédent.

Voici le plat dans **lequel** le cuisinier servira les hors-d'œuvre.
Voici l'assiette dans **laquelle** le cuisinier servira les hors-d'œuvre.
Voici les ramequins dans **lesquels** le cuisinier servira les hors-d'œuvre.
Voici les coupelles dans **lesquelles** le cuisinier servira les hors-d'œuvre.

2 Les pronoms relatifs *duquel* et *auquel* s'accordent également en genre et en nombre avec l'antécédent.

Les mines **desquelles** est extrait l'uranium sont surveillées en permanence.
Les films **auxquels** je fais référence ont obtenu des prix internationaux.

41 SONT – SON / SE (S') – CE (C') – CEUX

Il existe des formes homophones *(sont – son* ou *se – ce – ceux)* qu'il faut distinguer.

sont – son

Il ne faut pas confondre :

• ***sont*** : forme conjuguée de l'auxiliaire *être* à la 3e personne du pluriel du présent de l'indicatif.
On écrit *sont* quand on peut le remplacer par une autre forme conjuguée de l'auxiliaire *être* à la 3e personne du pluriel : *étaient, seront, furent...*

Tous les espoirs **sont** permis.
→ Tous les espoirs **étaient** permis.
→ Tous les espoirs **seront** permis.

• ***son*** : déterminant possessif singulier.
Il peut être remplacé par un autre déterminant possessif. Il est placé devant un nom ou un adjectif et indique l'appartenance.

Son espoir est déçu.
→ **Ton** espoir est déçu.
→ **Le sien** est déçu.

REMARQUE

Son, déterminant possessif masculin, peut être placé devant des noms (ou des adjectifs) féminins commençant par une voyelle ou un ***h*** muet.

son arrivée
son habitude
son abondante chevelure
son heureuse décision

se (s') - ce (c') - ceux

Il ne faut pas confondre :

- ***se (s')*** : pronom personnel réfléchi de la 3e personne qui fait partie d'un verbe pronominal.
On peut le remplacer par un autre pronom personnel réfléchi : *me* ou *te* en conjuguant le verbe.
Paquita **se** couche tôt. → Je **me** couche tôt.

- ***ce*** : déterminant démonstratif placé devant un nom ou un adjectif.
On peut le remplacer par un autre déterminant démonstratif si on change le genre ou le nombre du nom.
ce mouvement → **cette** impulsion → **ces** mouvements
Un adjectif qualificatif peut parfois s'intercaler entre le déterminant et le nom.
ce brusque mouvement → **cette** brusque impulsion

- ***ce (c')*** : pronom démonstratif, souvent placé devant le verbe *être* (ou *devoir, pouvoir*) ou un pronom relatif.
C'est à Tours que Balzac est né. **Ce** sont des tapis persans.
Ce devait être une grande aventure.
Ce peut être un nouvel épisode.
J'ai dormi un peu, **ce** qui m'a reposé.
Dormir, voici **ce** dont j'ai le plus besoin.

- ***ceux*** : pronom démonstratif, représente un nom masculin pluriel.
On peut le remplacer par *celui* en mettant le nom au singulier.
Les kiwis sont **ceux** que je préfère.
→ Le kiwi est **celui** que je préfère.

REMARQUE

Devant une voyelle ou un ***h*** muet, *ce* et *se* s'écrivent *c'* et *s'*.

42 CES – SES / C'EST – S'EST – SAIT – SAIS

Il existe des formes homophones comme *ces – ses* ou *c'est – s'est – sait – sais* qu'il faut savoir distinguer.

ces – ses

Il ne faut pas confondre :

- ***ces*** : déterminant démonstratif, placé devant un nom ou un adjectif.
Il peut être remplacé par un autre déterminant démonstratif si on met le nom au singulier.
On admire **ces** vitrines. → On admire **cette** vitrine.
On admire **ces** modèles. → On admire **ce** modèle.

- ***ses*** : déterminant possessif, placé devant un nom ou un adjectif.
Il peut être remplacé par un autre déterminant possessif si on met le nom au singulier.
Benoît range **ses** vêtements. → Benoît range **son** vêtement.
Benoît range **ses** chemises. → Benoît range **sa** chemise.

REMARQUE

Pour choisir entre le déterminant possessif *ses* ou le déterminant démonstratif *ces*, il faut bien examiner le sens de la phrase.

Martin feuillette **ses** (**ces**) livres.

S'il s'agit de livres qui lui appartiennent, on écrit :

Martin feuillette **ses** livres.

S'il s'agit de livres qui sont disposés sur les rayons de la librairie, on écrit :

Martin feuillette **ces** livres.

c'est – s'est – sait – sais

Il ne faut pas confondre :

- ***c'est*** : auxiliaire *être* précédé du pronom démonstratif élidé *c'* (*ce*).
Il peut souvent être remplacé par l'expression *cela est*.
Marcher sans chaussures sur le corail, **c'est (cela est)** dangereux.

- ***s'est*** : auxiliaire *être* précédé du pronom personnel réfléchi élidé *s'* (*se*).
Il peut être remplacé par *me suis* ou *se sont* en conjuguant l'auxiliaire *être*.
Tristan **s'est** baigné dans un lagon bleu.
→ Je **me suis** baigné dans un lagon bleu.
→ Ils **se sont** baignés dans un lagon bleu.

- ***sait*** (***sais***) : formes conjuguées du verbe *savoir* aux personnes du singulier du présent de l'indicatif.
Elles peuvent être remplacées par d'autres formes conjuguées de ce verbe.
Mélodie **sait** nager. → Mélodie **saura** nager.
Je **sais** nager. → Je **savais** nager.
Tu **sais** nager. → Tu **as su** nager.

REMARQUE

Pour ne pas confondre *ses* ou *ces* avec *c'est* ou *s'est*, on peut remplacer par *c'était* ou *s'était*.

C'est (C'était) un film à succès.
Benoît **s'est (s'était) perdu**.

43 ONT – ON – ON N'

Il existe des formes homophones comme *ont – on – on n'* qu'il faut savoir distinguer.

Confusion due à la prononciation

Il ne faut pas confondre :

• ***ont*** : forme conjuguée de l'auxiliaire *avoir* à la 3e personne du pluriel au présent de l'indicatif.
On écrit *ont* quand on peut le remplacer par une autre forme de l'auxiliaire *avoir* à la 3e personne du pluriel : *avaient, auront, eurent...*
Les canards **ont** les pattes palmées.
→ Les canards **avaient** les pattes palmées.
→ Les canards **auront** les pattes palmées.

• ***on*** : pronom personnel indéfini de la 3e personne du singulier, toujours sujet d'un verbe.
On écrit *on* quand on peut le remplacer par un autre pronom personnel de la 3e personne du singulier ou un nom sujet singulier.
On voit un vol de canards.
→ **Il/Elle/Le naturaliste** voit un vol de canards.

• ***on n'*** : quand *on* est placé devant un verbe commençant par une voyelle ou un ***h*** muet, on n'entend pas la différence entre la forme affirmative et la forme négative.
À la forme affirmative, on fait la liaison à l'oral :
On (n)aperçoit des canards.
On (n)héberge des canards.
À la forme négative, la première partie de la négation est élidée.
On n'aperçoit pas de canards.
On n'héberge pas de canards.

Si on remplace *on* par un autre pronom personnel, on entend alors la différence (*ne* → *n'*).
Il aperçoit des canards.
Il héberge des canards.
Il **n'**aperçoit pas de canards.
Il **n'**héberge pas de canards.

REMARQUES

1 *Ont* est aussi la forme de l'auxiliaire *avoir* lorsqu'un verbe est conjugué à la 3e personne du pluriel au passé composé.

Les canards **ont** pris leur envol.
Les canards **avaient** pris leur envol.

2 Le pronom personnel indéfini *on* est souvent employé à la place du pronom personnel *nous*, surtout à l'oral.

On sort vite. **Nous** sortons vite.

Dans ce cas, si *on* désigne plusieurs personnes, il entraîne néanmoins un accord du verbe au singulier.

Dans un souci de cohérence grammaticale, il est préférable de ne pas accorder le participe passé lorsque le sujet est *on*, même si l'accord est parfois toléré.

On est sorti vite. **Nous** sommes sorti(e)s vite.

3 Dans un même texte, on n'emploiera pas à la fois *on* et *nous*.

4 On écrit :

des on-dit et le qu'en dira-t-on.

44 C'EST – CE SONT / C'ÉTAIT – C'ÉTAIENT / SOI – SOIT – SOIS

Il existe plusieurs formes du verbe *être* qu'il faut savoir distinguer.

c'est – ce sont / c'était – c'étaient / ce fut – ce furent

• Les verbes *être, devoir être, pouvoir être*, précédés de *ce* (*c'*), se mettent au pluriel s'ils sont suivis d'un sujet réel à la 3e personne du pluriel ou d'une énumération ; sinon ils sont au singulier.

Max, **c'est** un bon joueur.
Max et Luc, **ce sont** de bons joueurs.
C'était encore un chanteur inconnu.
C'étaient encore des chanteurs inconnus.
Ce fut une victoire facile.
Ce furent des victoires faciles.
Erwan joue de trois instruments : **ce sont** la guitare, le banjo et la contrebasse.
Max, **ce doit être** un bon joueur. Max et Luc, **ce doivent être** de bons joueurs.
Max, **ce peut être** un bon joueur. Max et Luc, **ce peuvent être** de bons joueurs.

Dans une langue moins soutenue, on admet l'accord au pluriel ou au singulier.

• Lorsque le pronom qui suit *c'est* est *nous* ou *vous*, le verbe *être* reste au singulier.

C'est nous qui allons repeindre les portes et les fenêtres.
C'est vous que le directeur a retenu pour aller travailler en Italie.

• Si le nom qui suit *c'est* est précédé d'une préposition, le verbe *être* reste au singulier.

C'est de ces projets que je veux vous entretenir.

soi – soit – sois

Il ne faut pas confondre :

- ***soi*** : pronom personnel réfléchi de la 3e personne du singulier qui ne marque ni le genre ni le nombre. Il se rapporte à un sujet singulier indéterminé.

Pour réussir, il faut faire preuve de confiance en **soi**.

Lorsque le sujet est précis, on emploie *lui.*

M. Walter fait preuve de confiance en **lui**.

- ***soit*** : conjonction de coordination marquant l'alternative.

Ce soir, il prendra **soit** le métro, **soit** l'autobus pour rentrer chez lui.

On peut toujours remplacer *soit* par *ou bien.*

Ce soir, il prendra **ou bien** le métro, **ou bien** l'autobus pour rentrer chez lui.

- ***soit, sois*** : formes du singulier du présent du subjonctif du verbe *être.*

Il faut que je **sois** à l'abri. Il faut que tu **sois** à l'abri. Il faut que Léa **soit** à l'abri.

REMARQUES

1 *Soi* est souvent renforcé par *même.*

Il faut respecter les autres comme **soi-même**.

On peut le remplacer par un autre pronom personnel réfléchi en modifiant la phrase.

Nous respectons les autres comme nous-mêmes.

2 *Soi-disant* est toujours invariable, même employé comme adjectif.

Ils sont venus **soi-disant** pour nous parler.
Les **soi-disant** déménageurs ont abîmé les meubles.

45 SI – S'Y / NI – N'Y

Il existe des formes homophones comme *si – s'y / ni – n'y* qu'il faut savoir distinguer.

si – s'y

Il ne faut pas confondre :

- ***si*** : adverbe ou conjonction de subordination, qui peut être remplacé par un autre adverbe ou une autre conjonction.

La température est **si** basse que l'eau gèle.
→ La température est **tellement** basse que l'eau gèle.
Nous sortirons **si** la sirène retentit.
→ Nous sortirons **parce que** la sirène retentit.

- ***s'y*** : qui peut se décomposer en *se y* (on place l'apostrophe par euphonie). Il est toujours placé devant un verbe, car le ***s'*** fait partie d'un verbe pronominal. Le ***y*** est pronom adverbial ou personnel.

Dans ce lac, on **s'y** baigne volontiers.
Au bureau, Martial **s'y** rend à pied.

On peut remplacer *s'y* par *m'y* ou *t'y* en conjuguant le verbe.
Dans ce lac, tu **t'y** baignes volontiers.
Au bureau, je **m'y** rends à pied.

REMARQUE

Le verbe d'une subordonnée introduite par la conjonction ***si*** n'est jamais conjugué au conditionnel.

La proposition : « Si j'aurais une moto… » est incorrecte.

On doit écrire :

Si j'avais une moto, je me déplacerais facilement.

ni – n'y

Il ne faut pas confondre :

- ***ni*** : conjonction négative qui relie deux éléments (noms ou propositions).

M. Bourdon ne sait **ni** ce qui s'est passé **ni** qui a appelé les pompiers.
La poule n'a **ni** dents **ni** oreilles.
On peut parfois remplacer *ni* par *et* :
M. Bourdon ne sait **ni** ce qui s'est passé **et** qui a appelé les pompiers.
ou par *pas* :
La poule n'a **pas** de dents et **pas** d'oreilles.

- ***n'y*** : qui peut se décomposer en *ne y* (on place l'apostrophe par euphonie).

Le ***n'*** est la première partie d'une négation dont on peut trouver la deuxième partie dans la suite de la phrase. Le *y* est pronom adverbial ou personnel.
Sur les routes verglacées, les conducteurs **n'y** roulent que très lentement.
Sans ses lunettes, grand-père **n'y** voit rien.

REMARQUE

Parfois, la première conjonction *ni* est remplacée par une autre conjonction négative.

Cette chanson n'est **ni** originale **ni** mélodieuse.
Cette chanson n'a **rien** d'original **ni** de mélodieux.

Je n'irai **ni** sur la Lune **ni** sur Mars.
Je n'irai **jamais** sur la Lune **ni** sur Mars.

46 SANS – SENT – S'EN – C'EN / DANS – D'EN

Il existe des formes homophones qu'il faut savoir distinguer.

sans – sent – sens – s'en – c'en

Il ne faut pas confondre :

• ***sans*** : préposition qui marque l'absence, le manque. Elle est souvent le contraire de la préposition *avec*.

C'est un immeuble **sans** ascenseur.
Gérald sort de l'eau **sans** trembler.

On écrit *sans* quand on peut remplacer par *avec*, ou par *sinon*, *pour*, *en* dans certaines expressions.

C'est un immeuble **avec** ascenseur.
Gérald sort de l'eau **en** tremblant.

• ***sent***, ***sens*** : formes du verbe *sentir* aux trois personnes du singulier du présent de l'indicatif.

Ce lutteur ne **sent** plus sa force. Je ne **sens** plus ma force.

On écrit *sent* ou *sens* quand on peut remplacer par une autre forme du verbe *sentir* : *sentait*, *sentais*, *sentira*, *sentirai*, *sentiras*, *sentent*...

Ce lutteur ne **sent** plus sa force.
→ Ce lutteur ne **sentait** plus sa force.
Je ne **sens** plus ma force.
→ Je ne **sentirai** plus ma force.

• ***s'en*** : contraction de *se en*. ***S'*** est la forme élidée du pronom personnel réfléchi *se*, et ***en*** un pronom adverbial.

Ce lutteur est très fort et il ne **s'en** aperçoit pas.

On écrit *s'en* quand on peut remplacer par *m'en*, *t'en* en conjuguant le verbe.

Je suis fort et je ne **m'en** aperçois pas.
Tu es fort et tu ne **t'en** aperçois pas.

• ***c'en*** : contraction de *ce en.*
C' est la forme élidée du pronom démonstratif *ce,* et ***en*** un pronom adverbial.
Vous faites du bruit, **c'en** est trop.
Du foie gras ? **c'en** est, bien sûr.

REMARQUE

Après *sans,* le nom est généralement au pluriel.

Admirez ce ciel **sans** nuages.
→ S'il y en avait, il n'y aurait pas qu'un seul nuage.

Sinon, on écrit le nom au singulier.

Voilà une bien triste journée **sans** soleil.
→ Il ne peut y avoir qu'un soleil.

dans – d'en

Il ne faut pas confondre :

• ***dans*** : préposition qui peut être remplacée par une autre préposition : *à l'intérieur de, parmi, chez...*
Je m'entraîne **dans** un gymnase.
→ Je m'entraîne **à l'intérieur** d'un gymnase.

• ***d'en*** : contraction de *de en.* ***D'*** est la forme élidée de la préposition *de,* et ***en*** un pronom personnel (ou premier terme d'une locution prépositive : *en face, en haut, en bas...*). Elle est généralement placée devant un verbe à l'infinitif.
Du pain, je viens **d'en** couper deux tranches.
Le code de la route, il convient **d'en** respecter les règles.

47 QUELQUE(S) – QUEL(S) QUE – QUELLE(S) QUE

Il existe des formes homophones comme *quelque(s) – quel(s) que – quelle(s) que* qu'il faut savoir distinguer.

Confusion due à la prononciation

Il ne faut pas confondre :

• ***quelque(s)*** : déterminant indéfini qui s'écrit en un seul mot et qui s'accorde en nombre.
Il arrivera dans **quelque** temps.
Il arrivera dans **quelques** heures.
Quelques exemplaires de cet album sont encore disponibles.
Il faut retenir l'orthographe de quelques expressions :
en quelque sorte – quelque part – quelque chose – quelque peine à – quelque peu

• ***quel(les) que*** : regroupement de deux mots, un adjectif indéfini attribut et une conjonction de subordination.
Quel que soit le parcours, tu l'accompliras.
Dans ce cas, *quel* s'accorde avec le sujet qui se trouve après le verbe *être* (ou *devoir être, pouvoir être*) au présent du subjonctif.
Quel que soit ton projet, nous le respecterons.
Quelle que soit ta décision, nous la respecterons.
Quels que doivent être tes projets, nous les respecterons.
Quelles que puissent être tes intentions, nous les respecterons.

• ***quelque*** : adverbe lorsqu'il se trouve placé devant un adjectif ; il est alors invariable.
Quelque mouillés que soient ces vêtements, il faudra les enfiler.
Quelque appétissants que soient ces gâteaux au chocolat, je n'en reprendrai pas un seul.

On peut le remplacer par un autre adverbe.
Aussi mouillés que soient ces vêtements, il faudra les enfiler.
Aussi appétissants que soient ces gâteaux au chocolat, je n'en reprendrai pas un seul.

REMARQUES

1 On peut parfois confondre l'adverbe et le déterminant placé devant un adjectif suivi d'un nom.

Quelques bons élèves devront passer cet examen.
Quelque bons élèves que soient ces étudiants, ils devront passer cet examen.

Pour faire la distinction, on supprime l'adjectif.
Si cette suppression est possible, *quelque* est en rapport avec le nom, donc il s'accorde.

Quelques élèves devront passer l'examen terminal.

Si c'est impossible, *quelque* est adverbe et reste invariable.

On n'écrit pas : « Quelque élèves que soient ces étudiants, ils devront passer l'examen terminal. »

2 *Quelques-uns* et *quelques-unes* sont des pronoms indéfinis pluriels ; les pronoms singuliers étant *quelqu'un* et *quelqu'une* (plus rare).

3 Lorsqu'il a le sens de *parfois*, *quelquefois* s'écrit en un seul mot.

M. Marrou va **quelquefois** à la pêche.

M. Marrou va **parfois** à la pêche.

48 LA – L'A – L'AS – LÀ / SA – ÇA – ÇÀ

Il existe des formes homophones comme *la – l'a – l'as – là* ou *sa – ça – çà* qu'il faut savoir distinguer.

la – l'a – l'as – là

Il ne faut pas confondre :

• ***la*** : article ou pronom personnel complément, qui peut être remplacé par *une, le* ou *les.*

La piscine, Alice **la** fréquente chaque semaine.
→ **Le** stade, Alice **le** fréquente chaque semaine.

• ***l'a*** : contraction de *la a* ou de *le a,* qui peut être remplacée par *l'avait, l'aura.*

La piscine, Alice **l'a** fréquentée pendant un an.
→ La piscine, Alice **l'avait** fréquentée pendant un an.

• ***l'as*** : contraction de *la as* ou de *le as,* qui peut être remplacée par *l'avais, l'auras.*

La piscine, tu **l'as** fréquentée pendant un an.
→ La piscine, tu **l'avais** fréquentée pendant un an.

• ***là*** : adverbe de lieu, qui peut souvent être remplacé par *ici* ou *-ci.*

C'est **là** que j'ai appris à nager.
→ C'est **ici** que j'ai appris à nager.

Là est parfois accolé à un pronom démonstratif ou à un nom.

Ce bassin est profond ; dans celui-**là** on a pied.
→ Ce bassin est profond ; dans celui-**ci** on a pied.
Cet objet-**là** possède une valeur inestimable.
→ Cet objet-**ci** possède une valeur inestimable.

sa – ça – çà

Il ne faut pas confondre :

- ***sa*** : déterminant possessif de la 3e personne du singulier, qui peut être remplacé par un autre déterminant *son, ses...*

Un bon chasseur ne sort pas sans **sa** chienne.
→ Un bon chasseur ne sort pas sans **son** chien.
→ Un bon chasseur ne sort pas sans **ses** chiens.

- ***ça*** : pronom démonstratif, qui peut souvent être remplacé par *cela* ou *ceci*.

J'ai regardé le feuilleton, mais je n'ai pas trouvé **ça** passionnant.
→ J'ai regardé le feuilleton, mais je n'ai pas trouvé **cela** passionnant.

- ***çà*** : adverbe de lieu, qui ne se rencontre que dans l'expression *çà et là* où il signifie *ici*.

On observe, **çà** et là, quelques affiches.
→ On observe, **ici** et là, quelques affiches.

REMARQUE

ça : pronom démonstratif, peut être sujet apparent dans une forme impersonnelle.

Dans la cuisine, **ça** sent le brûlé.
L'accident, **ça** n'arrive pas qu'aux autres.

49 PRÊT(S) – PRÈS / PLUS TÔT – PLUTÔT

Il existe des formes homophones comme *prêt(s) – près* ou *plus tôt – plutôt* qu'il faut savoir distinguer.

prêt(s) – près

Il ne faut pas confondre :

• ***prêt*** (***prêts***) : adjectif qualificatif, qui s'accorde avec le nom qu'il accompagne. Si on substitue au nom masculin un nom féminin, il peut être remplacé par la forme du féminin, *prête* (*prêtes*).

Le chat est **prêt** à bondir sur la petite balle rouge.
Les chats sont **prêts** à bondir sur la petite balle rouge.
→ La chatte est **prête** à bondir sur la petite balle rouge.
→ Les chattes sont **prêtes** à bondir sur la petite balle rouge.

Prêt(s) est généralement suivi par la préposition *à* (parfois *au*, *pour*).

Tu es **prêt** à nous suivre.
Le parachutiste est **prêt** au grand saut.
Les parachutistes sont **prêts** pour le grand saut.

• ***près*** : préposition ou adverbe de lieu, qui peut souvent être remplacé par une autre préposition ou un autre adverbe de lieu, *à côté* ou *loin*.

Les alpinistes sont **près** du sommet ; encore un petit effort !
→ Les alpinistes sont **à côté** du sommet ; encore un petit effort !
→ Les alpinistes sont **loin** du sommet ; encore un petit effort !

Près est souvent suivi par la préposition *de* (*du, d'*).

La mairie est située **près de** la poste.
La mairie est située **près du** bureau de poste.

REMARQUES

1 Il existe un autre homonyme, le nom *prêt* (action de *prêter*). Il est généralement précédé d'un déterminant.

Pour acheter une nouvelle voiture, M. Sarda sollicite un **prêt**.

2 Il faut retenir l'orthographe de quelques expressions.

une boutique de **prêt-à-porter**
Cette valise pèse **à peu près** dix kilos.

plus tôt – plutôt

Il ne faut pas confondre :

- ***plus tôt*** : locution adverbiale qui exprime une idée de temps et qui est le contraire de *plus tard*.

Le dimanche, la boulangerie ouvre **plus tôt** que d'habitude.
Le dimanche, la boulangerie ouvre **plus tard** que d'habitude.

- ***plutôt*** : adverbe qui signifie *de préférence, encore, très*. Il peut être remplacé par un autre adverbe.

Ces vignes seront vendangées à la main **plutôt** qu'à la machine.
→ Ces vignes seront vendangées à la main **de préférence** à la machine.
Dans ce quartier la vie est **plutôt** agréable.
→ Dans ce quartier la vie est **assez** agréable.

50 PEUT – PEUX – PEU

Il existe des formes homophones comme *peut – peux – peu* qu'il faut savoir distinguer.

Confusion due à la prononciation

Il ne faut pas confondre :

- ***peut*** : forme conjuguée du verbe *pouvoir* à la 3e personne du singulier du présent de l'indicatif.
On écrit *peut* quand on peut le remplacer par une autre forme conjuguée du verbe *pouvoir* à la même personne (*pouvait, pourra, a pu*...).
Coline **peut** graver des CD. → Coline **pouvait** graver des CD.

- ***peux*** : forme conjuguée du verbe *pouvoir* à la 1re ou 2e personne du singulier du présent de l'indicatif.
On écrit *peux* quand on peut le remplacer par une autre forme conjuguée du verbe *pouvoir* à la même personne (*pouvais, pourrai, ai pu*...).
Je **peux** graver des CD. → Je **pouvais** graver des CD.
Seul le sujet permet de distinguer *peut* et *peux*.

- ***peu*** : adverbe de quantité, donc invariable.
On écrit *peu* quand on peut le remplacer par *beaucoup* (ou quelquefois par *très* devant un adjectif).
Coline a gravé **peu** de CD. → Coline a gravé **beaucoup** de CD.
Coline est **peu** expérimentée. → Coline est **très** expérimentée.
Lorsque *peu* est précédé de *un*, c'est l'ensemble *un peu* qui se remplace par *beaucoup* ou *très*.
Coline est **un peu** expérimentée. → Coline est **très** expérimentée.

REMARQUES

1 *Peu* est parfois employé comme nom (il signifie alors *une petite quantité*).

Coline grave le **peu** de CD qu'elle possède.

2 Il ne faut pas confondre l'adverbe *peut-être* (qui s'écrit avec un trait d'union) et le groupe formé du verbe *pouvoir* conjugué et de l'infinitif *être* (qui ne prend pas de trait d'union). Pour éviter toute confusion, on essaie de remplacer par *pouvait être*.

Coline gravera **peut-être** des CD.
Ce CD **peut être** gravé en quelques minutes.
→ Ce CD **pouvait être** gravé en quelques minutes.

3 Il faut retenir l'orthographe de quelques expressions.

Peu s'en faut que l'orage n'éclate.

Ce banc est **un tant soit peu** bancal.

Il faut **faire peu de cas** des calomnies.

Cet immeuble compte **à peu près** dix étages.

Il faut aider les malheureux, **si peu que ce soit**.

Cette moquette est **quelque peu** usée.

Tous ces enfants se ressemblent **peu ou prou**.

Jouer aux cartes ou aux dominos, **peu importe**.

La côte est rude, **ce n'est pas peu dire** !

51 QUAND – QUANT – QU'EN / OU – OÙ

Il existe des formes homophones qu'il faut savoir distinguer.

quand – quant – qu'en

Il ne faut pas confondre :

- ***quand*** : conjonction de subordination, qui peut être remplacée par *lorsque.*

Quand nous aurons un moment de libre, nous classerons nos photographies.

→ **Lorsque** nous aurons un moment de libre, nous classerons nos photographies.

- ***quand*** : adverbe, qui peut être remplacé par *à quel moment.*

Quand serez-vous en vacances ?

→ **À quel moment** serez-vous en vacances ?

- ***quant*** : préposition, qui peut être remplacée par *en ce qui concerne, pour (ma) part.*

L'autobus arrivera à dix heures ; **quant au** train, je l'ignore.

→ L'autobus arrivera à dix heures ; **en ce qui concerne** le train, je l'ignore.

Philippe parle l'espagnol, **quant à** moi, j'essaie d'apprendre l'allemand.

→ Philippe parle l'espagnol, **pour ma part**, j'essaie d'apprendre l'allemand.

- ***qu'en*** : peut se décomposer en *que en* (on place l'apostrophe par euphonie).

Le plombier pensait **qu'en** une heure il aurait terminé.

Les historiens consultent des documents ; **qu'en** dégagent-ils comme conclusion ?

Ce problème n'est simple **qu'en** apparence.

Ce n'est **qu'en** travaillant qu'on devient un virtuose du piano.

REMARQUES

1 Pour choisir entre *quand* et *quant*, la liaison induit en erreur. En effet, avec *quand* suivi d'une voyelle, la liaison est également en ***t***.

Quand (t)il court, Richard penche la tête.
Quant (t)à Richard, il penche la tête.

Il faut donc se souvenir que *quant* est toujours suivi d'une autre préposition : *à, au, aux*.

2 Le nom *camp* est aussi un homonyme qui se distingue assez facilement car il est souvent précédé d'un déterminant.

Les joueurs se replient dans leur **camp**.

3 Il faut retenir l'orthographe de ces noms composés.

Hautain, il est resté sur son **quant-à-soi**.
Elle ne se soucie pas des **qu'en-dira-t-on**.

ou – où

Il ne faut pas confondre :

- ***ou*** : conjonction de coordination, qui peut être remplacée par *ou bien*.

Pour trouver ce mot, utilise un dictionnaire **ou** (**ou bien**) un lexique.

- ***où*** : pronom ou adverbe, qui indique le lieu, le temps, la situation.

On peut parfois le remplacer par *dans lequel, à quel endroit, à laquelle*.
Voici un étui **où** il y a deux stylos.
→ Voici un étui **dans lequel** il y a deux stylos.
Où habitez-vous ? → **Dans quel endroit** habitez-vous ?

52 PARCE QUE – PAR CE QUE / QUOIQUE QUOI QUE / POURQUOI – POUR QUOI

Il existe des formes homophones qu'il faut savoir distinguer.

parce que – par ce que

Il ne faut pas confondre :

• ***parce que*** : locution conjonctive de subordination qui introduit un complément circonstanciel de cause et qui peut être remplacée par *car*.

Mme Thierry achète ses fromages à la ferme **parce qu'**ils y sont plus frais.

→ Mme Thierry achète ses fromages à la ferme, **car** ils y sont plus frais.

• ***par ce que*** : expression formée d'une préposition, d'un pronom démonstratif neutre et d'un pronom relatif et qui a le sens de *par la chose que*.

Par ce que vous avancez comme motif, vous ne serez pas cru.

C'est une expression peu employée.

quoique – quoi que

Il ne faut pas confondre :

• ***quoique*** : conjonction de subordination, qui peut toujours être remplacée par *bien que*.

Quoique les fenêtres restent fermées, il fait froid dans ce bureau.

→ **Bien que** les fenêtres restent fermées, il fait froid dans ce bureau.

• ***quoi que*** : pronom relatif composé qui a le sens de *quelle que soit la chose que* ou de *quelque chose que*.

Quoi que vous décidiez, prévenez-nous.

REMARQUES

1 Le verbe qui suit *quoique* ou *quoi que* est toujours au mode subjonctif.

Quoi qu'il dise, personne n'écoute.
Quoiqu'il réponde, personne ne l'écoute.

2 Dans l'expression *quoi qu'il en soit, quoi qu'* s'écrit en deux mots.

Je maintiens ma position, quoi qu'il en soit.

pourquoi – pour quoi

Il ne faut pas confondre :

- ***pourquoi*** : adverbe ou conjonction qui peut être remplacé par *pour quelle raison* ou *dans quelle intention.*

Le menuisier ne comprend pas **pourquoi** ce bois est aussi tendre.
→ Le menuisier ne comprend pas **pour quelle raison** ce bois est aussi tendre.

- ***pour quoi*** : pronom relatif ou interrogatif précédé de la préposition *pour* a le sens de *pour cela.*

Cet homme, on le condamne **pour quoi** (pour cela).

REMARQUE

Pourquoi peut aussi être un nom invariable, synonyme de *motif.*

Je ne m'explique pas le **pourquoi** (le motif) de cette affaire.

53 LE PARTICIPE PRÉSENT ET L'ADJECTIF VERBAL

Il faut savoir distinguer les formes en ***-ant*** comme le participe présent et l'adjectif verbal.

Le participe présent

Le participe présent, **invariable**, est une forme verbale terminée par ***-ant***.

Goûtez-moi ce biscuit craqu**ant** sous la dent.
Goûtez-moi cette biscotte craqu**ant** sous la dent.

L'adjectif verbal

- L'adjectif verbal, terminé lui aussi par ***-ant***, s'accorde avec le nom (ou le pronom) auquel il se rapporte.

goûter un biscuit craquant
goûter une biscotte craquant**e**

- L'adjectif verbal, comme l'adjectif qualificatif peut être épithète ou attribut.

Vous tenez des propos **amusants**.
Vos propos sont **amusants**.

REMARQUES

1 Il ne faut pas confondre les adjectifs verbaux terminés par ***-ant*** avec les adverbes terminés par ***-ent*** ou ***-ant***.

Cette actrice est souv**ent** éblouissante.
Auparav**ant** ces locaux étaient bruyants.

2 Certains adjectifs verbaux sont employés comme des noms.

Les gagn**ants** se partageront le gros lot ; les perd**ants** espèrent que le sort leur sera favorable la prochaine fois.

Comment éviter toute confusion ?

Il est parfois difficile de distinguer le participe présent de l'adjectif verbal.
On peut remplacer le nom masculin par un nom féminin ; oralement, on entend la différence.
Voici l'entrée des joueurs remplaçants.
Voici l'entrée des joueuses remplaçant**es**.
→ adjectif verbal
Les joueurs remplaçant leurs partenaires sont là.
Les joueuses remplaçant leurs partenaires sont là.
→ participe présent

REMARQUES

1 Des participes présents et des adjectifs verbaux peuvent avoir des orthographes différentes.

en communi**qu**ant par signes	les vases communi**c**ants
en provo**qu**ant une émeute	une tenue provo**c**ante
en différ**an**t la réponse	une réponse différ**e**nte
en navi**gu**ant dans le golfe	le personnel navi**g**ant
en conver**ge**ant vers la sortie	des réponses conver**g**entes
en précéd**an**t le cortège	le numéro précéd**en**t
en fati**gu**ant son entourage	une marche fati**g**ante
en émer**ge**ant du brouillard	des pays émer**g**ents
en zigza**gu**ant entre les piquets	une allure zigza**g**ante
en diver**ge**ant sur plusieurs points	des opinions diver**g**entes
en influ**an**t sur le cours des choses	des personnes influ**en**tes

2 Même quand il est adjectif, *soi-disant* est toujours invariable.
Cette **soi-disant** solution échoua.

54 DES ERREURS À ÉVITER

Les erreurs les plus fréquentes

• De nombreuses erreurs sont commises dans la conjugaison des verbes. Il faut éviter ces incorrections en identifiant d'abord le groupe auquel les verbes appartiennent, puis en consultant les tableaux de conjugaison correspondants.
Par exemple : le verbe *mourir* appartient au 3e groupe ; à l'imparfait de l'indicatif, on ne place pas l'élément ***-ss-*** caractéristique des verbes du 2e groupe.
On ne dit pas : il mourrissait   Mais : il mourait

• Il existe des verbes proches qui appartiennent à des groupes différents.
ressortir de, 3e groupe : Les spectateurs **ressortent** enchantés **de** ce concert.
ressortir à, 2e groupe : Ces procès **ressortissent au** tribunal correctionnel.

• Le nom qui marque la nationalité ou qui désigne les habitants d'un lieu est un nom propre ; il prend une majuscule.
Les **F**rançais et les **I**taliens sont des **L**atins.
Je découvre les collines du **B**eaujolais.
Le nom qui désigne une langue, un produit d'origine, ainsi que l'adjectif qualificatif, s'écrivent sans majuscule.
Le **f**rançais et l'**i**talien sont des langues **l**atines.
N'abusez pas du **b**eaujolais nouveau.

• Il ne faut pas confondre l'emploi des deux adverbes *jadis* et *naguère.*
Jadis signifie : « *Il y a fort longtemps* » et *naguère* : « *Il n'y a guère de temps.* »
Jadis, les serfs étaient malheureux.
Ces rues, **naguère** fréquentées, sont maintenant désertes.

• Comme *pallier* est un verbe transitif, on ne dit pas :
L'éleveur pallie au manque de foin en donnant de la paille à ses bêtes.
Mais : L'éleveur **pallie** le manque de foin en donnant de la paille à ses bêtes.

• Ne pas confondre l'adverbe *voire*, qui a le sens de *même*, et l'infinitif *voir*.
Ce champignon est comestible, **voire** savoureux.
Je vais **voir** si ce champignon est comestible.

• Ne pas confondre la locution adverbiale *à l'envi*, qui a le sens de *à qui mieux mieux*, et le nom *l'envie*.
Les hyènes se disputaient **à l'envi** la carcasse du gnou.
Cette femme enceinte à **une envie** de fraises.

• Le participe passé du verbe *dire* – *dit* – se soude avec l'article défini et avec l'adverbe *sus* dans des expressions pour rappeler qu'il a déjà été question des personnes ou des choses.
Je suis certain que **ladite** signature est une imitation grossière.
Mon adresse **susdite** est celle de mon lieu de vacances.
Mais les deux mots sont distincts lorsque *le* est un pronom personnel précédant le verbe au présent de l'indicatif.
Il ne viendra pas ; il me **le dit** calmement.

• ***Conséquent*** n'a jamais le sens de *important*, ni de *considérable.*
On ne dit pas un travail conséquent, mais un travail important.
Conséquent signifie *conforme à* en parlant des personnes ou des choses.
Cet homme a une conduite **conséquente** avec ses convictions.

55 LES ACCENTS

Les accents sont des signes placés sur les voyelles pour, le plus souvent, en modifier la prononciation. Un texte où les accents sont absents est beaucoup plus difficile à lire.

Les différents accents

• L'accent aigu (´) se place uniquement sur la lettre ***e*** qui se prononce alors (é).

Jérémie est **désespéré** car il a perdu sa **précieuse clé**.

• L'accent grave (`) se place souvent sur la lettre ***e*** qui se prononce alors (è).

Cet **athlète possède** une bonne **hygiène** de vie.

On trouve parfois un accent grave sur les lettres ***a*** et ***u***.

Où se trouve l'Espagne ? Au-**delà** des Pyrénées, **à** deux heures de Paris en avion.

• L'accent circonflexe (^) se place sur la lettre ***e*** qui se prononce alors (è).

Le joueur se jette **tête** baissée dans la **mêlée**.

REMARQUES

1 On trouve aussi un accent circonflexe sur les autres voyelles (sauf ***y***).

un **gâteau** – une **traîne** – un **cône** – la **flûte**

Les accents circonflexes sur les lettres ***i*** et ***u*** ne modifient pas leur prononciation.

2 L'accent circonflexe peut être le témoin d'une lettre disparue qu'on retrouve dans des mots de la même famille.

l'**hôpital** – **hospitalisé** – l'**hospice**
la **croûte** – **croustillant**

3 L'accent circonflexe permet aussi de distinguer des mots homonymes.

L'abricot est **mûr**.
une rude **tâche**
respecter le **jeûne** du ramadan
gravir la **côte**

un mur de brique
une tache de graisse
parler à un jeune enfant
surveiller la cote d'alerte

Cas particuliers

• Lorsque le ***e*** se trouve entre deux consonnes au milieu d'une syllabe, il ne prend pas d'accent, même s'il est prononcé (è).

ne jamais **per**dre la **tech**nique de la **lec**ture

Exceptions :

en fin de mot : le progrès – le succès – près – l'arrêt – la forêt

• On ne double pas la consonne qui suit une voyelle accentuée.

l'int**ér**ieur mais un te**rr**ain

b**ât**ir mais ba**tt**re

Exceptions :

un ch**âss**is – une ch**âss**e – ench**âss**er – l'ench**âss**ement

• Devant la lettre ***-x***, le ***e*** n'a jamais d'accent.

Il nous **ex**plique la solution d'un **ex**ercice compl**exe**.

REMARQUE

Selon les régions, la prononciation des lettres accentuées peut varier, mais l'orthographe demeure la même.

56 LA CÉDILLE – LE TRÉMA L'APOSTROPHE – LE TRAIT D'UNION

Il existe d'autres signes écrits qu'il faut connaître.

La cédille

Pour conserver le son (s), on place **une cédille** sous la lettre ***c*** devant les voyelles ***a, o, u***.

la leçon – menaçant – un reçu

Le tréma

Le tréma, généralement placé sur la lettre ***i***, indique que l'on doit prononcer séparément la voyelle qui le précède immédiatement.

être naïf – faire preuve d'héroïsme – un plat en faïence

REMARQUE

Placé sur le ***e*** qui suit un ***u***, le tréma indique que le ***u*** doit être prononcé.

ciguë – aiguë – ambiguë – contiguë

Le tréma peut aussi avoir la valeur d'un ***é***.

un canoë

L'apostrophe

L'apostrophe (') se place en haut et à droite d'une lettre pour marquer l'élision de ***a, e, i*** ou devant un mot commençant par une voyelle ou un ***h*** muet.

l'arrivée – s'asseoir – lorsqu'il
quelqu'un – parce qu'on – s'il pleut

Le trait d'union

Le trait d'union sert à lier plusieurs mots. On le place :

- entre les différents éléments de beaucoup de mots composés ;

sur-le-champ un non-lieu
un sapeur-pompier un arc-en-ciel

- entre le verbe et le pronom personnel sujet antéposé (ainsi que *ce*) ;

Pourquoi ne dis-tu pas la vérité ?
Est-ce la vérité ?
Sait-on la vérité ?

- entre le verbe à l'impératif et le(s) pronom(s) personnel(s) complément(s) ;

Lève-toi ! Parlons-en. Faites-le-moi savoir.

- dans certaines locutions adverbiales ;

pêle-mêle avant-hier au-dessus par-delà

- dans les déterminants numéraux inférieurs à *cent* ;

trente-quatre quatre-vingt-dix-huit

- devant les particules *-ci* et *-là* ;

celui-ci cette maison-là ces immeubles-là

- entre le pronom personnel et l'adjectif *même* ;

lui-même elle-même eux-mêmes

- dans certaines expressions.

là-haut jusque-là ci-joint de-ci de-là

57 LES ABRÉVIATIONS – LES SIGLES – LES SYMBOLES

Le langage courant fonctionne de plus en plus avec des abréviations, des sigles et des symboles ; il faut savoir les déchiffrer.

Les abréviations

- Parfois, c'est une ou plusieurs syllabes qui sont retranchées du mot par apocope (la fin du mot) :

la photographie → la photo
sympathique → sympa
un professeur → un prof

ou plus rarement par aphérèse (le début du mot).

l'autobus → le bus
un blue-jean → un jean

- Quelquefois, le mot d'origine est légèrement modifié.

être régulier → être réglo
un réfrigérateur → un frigo

- Dans d'autres cas, on forme une abréviation en ne conservant que la première lettre (minuscule ou majuscule) suivie d'un point. Pour éviter les ambiguïtés, on conserve parfois plusieurs lettres, suivies ou non d'un point.

nom → n.
page → p.
adjectif → adj.
monsieur → M.
mademoiselle → Mlle

REMARQUES

1 Ces mots ainsi abrégés prennent normalement la marque du pluriel.

les mathématiques → les maths
les informations → les infos
les pneumatiques → les pneus

2 Les traits d'union doivent rester dans les abréviations.

Jésus-Christ → J.-C.
Saône-et-Loire → S.-et-L.
water-closet → W.-C.

Les sigles

- De très nombreux groupes de mots sont réduits à leur sigle. On ne retient que les initiales (en majuscules) de chacun des mots essentiels qui composent l'expression. La présence de points entre les lettres tend à disparaître.

l'ANPE → l'agence nationale pour l'emploi
un P.V. → un procès-verbal

- Lorsqu'on les lit, on énonce chaque lettre, mais si des voyelles sont incluses dans le sigle, on peut le prononcer comme un mot ordinaire.

un OVNI → un objet volant non identifié

REMARQUE

Certains sigles, très courants, sont devenus des noms communs.

le sida → le syndrome d'immunodéficience acquise
un radar → un Radio Detecting And Ranging

Les symboles

Dans les domaines mathématique, scientifique et technique, on utilise des symboles qui ont l'avantage d'être communs à presque toutes les langues.
Il faut retenir les plus courants qui symbolisent principalement les unités de mesures.

seconde → s
centimètre → cm
ampère → A
paragraphe → §
kilogramme → kg
hectolitre → hL
mètre cube → m^3
arobase → @

58 LES ÉCRITURES DES SONS (s) ET (z)

Les sons (s) et (z) peuvent s'écrire de plusieurs manières.

Les différentes graphies du son (s)

- ***s***

la **s**alade – **s**auter – **s**olide – la répon**s**e – le **s**ucre

- ***ss***

la creva**ss**e – la grai**ss**e – une a**ss**iette – pou**ss**er

- ***c*** seulement devant les voyelles ***e***, ***i*** et ***y***

un **c**er**c**eau – l'urgen**c**e – un **c**itron – un **c**ygne

- ***ç*** devant les voyelles ***a***, ***o*** et ***u***

une fa**ç**ade – un gla**ç**on – un re**ç**u

- ***t*** seulement devant la lettre ***i***, à l'intérieur ou en fin de mot

la condi**t**ion – la sélec**t**ion – un quo**t**ient – la gen**t**iane

Beaucoup de ces noms se terminent par ***-tion***, mais tous les noms terminés par le son (sion) ne s'écrivent pas ***-tion*** ; il y a d'autres graphies.

la pa**ss**ion – la pen**s**ion – la suspi**c**ion – l'anne**x**ion

- ***sc*** dans quelques mots

la **sc**ience – la di**sc**ipline – la **sc**ierie

REMARQUES

1. Il ne faut pas oublier que la lettre ***s*** marque le pluriel de beaucoup de noms et d'adjectifs ; dans ce cas, elle est muette.
2. Dans les nombres *dix* et *six* (et leurs dérivés), le ***x*** se prononce (s).

Les différentes graphies du son (z)

- *z*

un zéro – le gazon – bizarre – la luzerne

- *s* lorsque celui-ci est placé entre deux voyelles

le musée – le visage – le poison

REMARQUES

1 Comme entre deux voyelles, la lettre *s* se prononce (z), pour obtenir le son (s), il faut donc doubler le *s*.

déjouer une ruse
parler le russe
téléphoner à son cousin
s'asseoir sur un coussin

Néanmoins, dans les noms composés de deux mots qui sont soudés et dans ceux dont le préfixe précède la lettre *s*, le son (s) peut s'écrire avec un seul *s*.

un parasol – un tournesol – un contresens – vraisemblable – la préséance – un ultrason – le cosinus – extrasensible – la photosynthèse

2 Dans certains noms d'origine étrangère, la lettre *z* peut être doublée et la prononciation modifiée.

commander une pizza
aménager une mezzanine dans son appartement

59 LES ÉCRITURES DU SON (k)

Le son (k) peut s'écrire de plusieurs manières.

Les différentes graphies du son (k)

- ***c*** devant les voyelles ***a***, ***o*** ou ***u*** et devant les consonnes

un **c**achet – une **c**olline – ré**c**upérer – un tra**c**teur – l'a**c**né

Un certain nombre de mots s'écrivent avec deux ***c***.

une o**cc**asion – a**cc**ompagner – une a**cc**usation – a**cc**lamer

- ***qu***

quatre – une **qu**ille – un **qu**otient – un mas**que**

- ***k***

un **k**angourou – an**k**ylosé – le par**k**ing

Dans deux mots, le ***k*** est doublé :

le dra**kk**ar – le tre**kk**ing

- ***ch***

la **ch**orale – la **ch**lorophylle – la psy**ch**ologie

Dans quelques mots, le son (k) final s'écrit ***ch***.

un almana**ch** – des auro**ch**s – le vare**ch** – un ma**ch** (unité de mesure de vitesse supersonique)

- ***ck***

un jo**ck**ey – le ra**ck**et – un te**ck**el

Ces mots sont très souvent d'origine étrangère.

- ***cqu*** dans quelques mots

a**cqu**itter – Ja**cqu**es – Ja**cqu**eline – le jeu de ja**cqu**et

REMARQUES

1 Devant les voyelles ***e***, ***i*** et ***y***, le son (k) ne s'écrit jamais avec un *c*. (Sinon, nous aurions le son (s).)

une **k**ermesse – un **k**ilo – un **k**yste
la **qu**estion – **qu**itter – lors**que**
le ho**ck**ey – l'or**ch**estre – une or**ch**idée

Mais on peut trouver deux ***c*** pour obtenir le son (ks).

un a**cc**ident – une co**cc**inelle – a**cc**élérer

2 Les lettres ***qua*** peuvent se prononcer (koi) dans les mots d'origine latine.

un a**qu**arium – l'é**qu**ateur – l'a**qu**arelle – le **qu**artz

3 Il faut retenir l'orthographe du nom *piqûre*, alors que *piquer* ne prend pas d'accent circonflexe.

Comme le choix entre ces écritures est difficile, il faut apprendre par cœur l'orthographe des mots les plus courants et consulter un dictionnaire en cas de doute.

60 LES ÉCRITURES DU SON (an)

Le son (an) peut s'écrire de plusieurs manières.

Les différentes graphies du son (an)

• ***an***

l'**an**goisse – la b**an**que – tr**an**quille – un volc**an**

On rencontre cette graphie dans la terminaison des participes présents et de nombreux adjectifs verbaux (voir fiche 53).

en march**ant** – être viv**ant** – les toits ouvr**ants**

• ***en***

la c**en**dre – la dép**en**se – le cal**en**drier – **en**nuyer – la lég**en**de

– Sans lettre muette, cette graphie n'apparaît jamais en position finale.

– On rencontre cette graphie dans le suffixe ***-ent*** qui permet de former de nombreux noms et adverbes (voir fiche 88).

un alim**ent** – un serm**ent** – un torr**ent** – rapidem**ent** – courammen**t**

– De nombreux verbes du 3ᵉ groupe se terminent par ***-endre***.

desc**endre** – appr**endre** – v**endre** – att**endre**

Exceptions qui se terminent par ***-andre*** :

rép**andre** – ép**andre**

– Devant les lettres ***b***, ***m*** et ***p***, on écrit ***am-*** au lieu de ***an-*** et ***em-*** au lieu de ***en-***.

une **am**bulance – un cr**am**pon – la j**am**be – t**am**ponner

le t**em**ps – **em**barrasser – **em**mener – **em**porter

Exceptions :

né**an**moins et quelques noms propres : Guten**b**erg, Ist**an**bul...

REMARQUES

1 Le préfixe ***en-*** (***em-***) qui signifie souvent « *à l'intérieur* » permet de former de nombreux verbes :

embarquer – encaisser – enfermer – enfoncer – emprisonner – empaqueter – entourer

2 Il faut retenir la graphie de quelques préfixes :

anti- : de l'antigel – un antibiotique – des antibrouillards
entre- : une entrevue – entreposer – une entreprise
amph- : un amphithéâtre – amphibie – les amphibiens
anthropo- : un anthropophage – l'anthropologie – l'anthropomorphisme
endo- : l'endoscopie – l'endomorphine
trans- : transférer – transpercer – le transibérien

3 Quelques graphies du son (an) sont plus rares.

-aen : la ville de Caen
-aon : un faon, un paon, un taon, la ville de Laon
-am : la pomme d'Adam
-ean : Jean

Comme le choix entre ces écritures est difficile, il faut apprendre par cœur l'orthographe des mots les plus courants et consulter un dictionnaire en cas de doute.

61 LES ÉCRITURES DU SON (in)

Le son (in) peut s'écrire de plusieurs manières.

Les différentes graphies du son (in)

- ***in***

un lap**in** – le d**in**don – m**in**ce

Variante : ***im*** devant ***b, m, p***.

un t**im**bre – **im**pair – **im**mangeable

En début de mot, on écrit généralement ***in-*** ou ***im-***.

interdire – **in**filtrer – **im**portant – **im**buvable

Exception : a**in**si

- ***yn***

le s**yn**dicat – une s**yn**thèse – une s**yn**cope

Variante : ***ym*** devant ***b, p*** ;

une c**ym**bale – une s**ym**phonie

et dans le nom de la plante aromatique : le th**ym**.

- ***ain***

un cop**ain** – la pl**ain**te – le proch**ain**

Retenons l'orthographe des noms :

le d**aim** – la f**aim** (affamer) – un ess**aim** (essaimer)

- ***ein***

un r**ein** – un fr**ein** – la c**ein**ture

Retenons l'orthographe de la ville de R**eim**s.

- ***en*** notamment en fin de mot après ***i, é, y***

un gard**ien** – un lyc**éen** – mo**yen** – il rev**ient**

Exception : un exam**en**

Mais on trouve également la graphie ***-en-*** à l'intérieur de quelques mots.

un ag**en**da – un référ**en**dum – un p**en**tagone

REMARQUES

1 Les verbes du 3e groupe terminés par le son (indr) à l'infinitif s'écrivent ***-eindre*** :

att**eindre** – ét**eindre** – p**eindre**

Exceptions :
cr**aindre** – pl**aindre** – contr**aindre** (et leurs dérivés)

2 On peut parfois s'appuyer sur un mot de la même famille pour trouver la bonne graphie.

pl**ein** → la pl**é**nitude
urb**ain** → l'urb**an**isme
un bur**in** → bur**in**er

3 L'opposition orale entre le son (in) de « *un br**in** de muguet* » et le son (un) de « *un manteau br**un*** » est loin d'être réalisée par tous les francophones.
De par leur diffusion nationale, les différents médias accentuent l'alignement du son (in) sur le son (un).
Heureusement, les mots dans lesquels le son (un) s'écrit ***un*** ou ***um*** sont peu nombreux et d'usage courant.

auc**un** – chac**un** – br**un** – h**um**ble – le parf**um** – comm**un** – l**un**di – empr**un**ter – déf**un**t – un import**un**...

62 LES ÉCRITURES DU SON (f)

Le son (f) peut s'écrire de plusieurs manières.

Les différentes graphies du son (f)

- ***f***

une **f**raise – en**f**in – la dé**f**inition – sacri**f**ier

- ***ff***

su**ff**ire – sou**ff**ler – le co**ff**re – si**ff**ler

- ***ph***

la **ph**rase – la **ph**ysique – la catastro**ph**e – un élé**ph**ant

REMARQUES

1 La graphie ***ph*** ne se trouve en finale que dans le prénom Jose**ph**.

2 Quelques préfixes et suffixes, d'origine grecque, s'écrivent avec ***ph***.

-graphe (qui écrit)
→ l'ortho**graphe** – le para**graphe** – le télé**graphe**
-phone (son)
→ le magnéto**phone** – un inter**phone** – a**phone**
-phage (qui mange)
→ un sarco**phage** – un œso**phage** – un anthropo**phage**
photo- (lumière)
→ la **photo**graphie – la **photo**copie – **photo**génique
morpho- (autour)
→ la **morpho**logie – une méta**morpho**se

Les mots ainsi formés sont souvent difficiles à orthographier.

Les mots terminés par le son (f)

- On peut trouver la lettre *f* en fin de mot.

le chef – vif – actif – un canif – un tarif

Mais pour les mots se terminant par le son (f), il existe d'autres terminaisons :

la coiffe – la greffe – la girafe – un biographe

- La lettre *f*, en finale, n'est pas toujours prononcée.

la clef – le nerf – le cerf

Ainsi que dans le pluriel de deux noms :

les œufs – les bœufs

Alors que le *f* se prononce dans le singulier :

l'œuf – le bœuf

REMARQUES

1 Les mots commençant par ***aff-***, ***eff-***, ***off-*** s'écrivent tous avec deux *f*.

Exceptions : afin – l'Afrique – africain

2 En liaison, *f* s'assimile parfois au ***v*** devant une voyelle.

neuf (v)ans – neuf (v)heures

Mais il reste également en (f) dans d'autres liaisons.

neuf (f)enfants – un vif (f)attrait

3 En fin de mots d'origine russe, on trouve un ***v*** prononcé (f).

un cocktail Molotov
le théâtre de Tchekhov

Comme le choix entre ces écritures est difficile, il faut apprendre par cœur l'orthographe des mots les plus courants et consulter un dictionnaire en cas de doute.

63 LES ÉCRITURES DU SON (ye)

Le son (ye) peut s'écrire de plusieurs manières.

Les différentes graphies du son (ye)

- ***y***

la bruyère – essuyer – une rayure – prévoyant

Mais la lettre ***y*** peut aussi se prononcer (i).

un paysan – une abbaye – le lycée – le gymnase

Dans les noms, la lettre ***y*** n'est jamais suivie d'un ***i*** (sauf dans un essayiste).

- ***ill***

une douille – le réveillon – le poulailler – la cuillère

Dans ce cas, la lettre ***i*** est inséparable des deux ***l*** et ne se prononce pas avec la voyelle qui la précède.

- ***ll***, seulement après la voyelle ***i*** qui termine une syllabe

griller – la chenille – une bille – croustiller

Mais les deux ***l*** se prononcent (l) dans :

la ville – un bacille – tranquille – un village – un million (et ses dérivés)

REMARQUES

1 Lorsque le son (ye) suit une consonne, il s'écrit généralement ***i***.
un panier – curieux – le diable – rien

2 Il existe quelques graphies plus rares :

les yeux – le yaourt – le yoga – une hyène
la faïence – la pagaïe (le désordre) – un aïeul
un quincaillier – un médaillier – un groseillier
cueillir – l'orgueil – le recueil

Les noms terminés par le son (ye)

• Les noms féminins terminés par le son (ye) s'écrivent tous en *-ille.*

la mura**ille** – la boute**ille** – la feu**ille** – la rou**ille** – la fam**ille**

• Les noms masculins terminés par le son (ye) s'écrivent en *-il.*

du cora**il** – le recue**il** – le fauteu**il** – le fenou**il**

Exceptions :

– les noms composés masculins formés avec le nom féminin *feuille.*

un portefeuille – un millefeuille – le chèvrefeuille

Mais il faut écrire le cerfeuil.

– les noms masculins terminés par le son (iye).

le gorille – un quadrille – un joyeux drille – un pupille

REMARQUE

Il ne faut pas confondre les noms masculins terminés par *-il* avec les verbes conjugués de la même famille.

le travail / il travaille
le réveil / elle se réveille
le détail / il détaille
l'émail / il émaille

Comme le choix entre ces écritures est difficile, il faut apprendre par cœur l'orthographe des mots les plus courants et consulter un dictionnaire en cas de doute.

64 LES ÉCRITURES DES SONS (g) ET (je)

Les sons (g) et (je) peuvent s'écrire de plusieurs manières.

Les différentes graphies du son (g)

- ***g*** devant les voyelles ***a***, ***o*** et ***u***

le **g**arage – un ra**g**oût – la fi**g**ure

- ***gu*** devant les voyelles ***e***, ***i*** et ***y***

la va**gu**e – une **gu**irlande – **Gu**y

REMARQUES

1 Les verbes terminés par ***-guer*** à l'infinitif conservent le ***u*** dans toute leur conjugaison.

nous navi**gu**ons – en navi**gu**ant – il navi**gu**ait

2 En lettre finale, le ***g*** est parfois prononcé.

un ga**g** – un gro**g** – un gan**g** – un gon**g** – un zigza**g** – un iceber**g** – le campin**g**

3 Il existe quelques graphies plus rares.

la se**c**onde – le zin**c** – l'e**c**zéma

le tobo**gg**an – a**gg**raver – a**gg**lomérer

des spa**gh**ettis – le **gh**etto

une **g**eisha

Les différentes graphies du son (je)

- ***g*** devant les voyelles ***i*** et ***y***

un gitan – agiter – la gymnastique – digitale

- ***j*** ou ***g*** devant la voyelle ***e***

jeune – un jeton – rejeter – le sujet – majeur
le genou – la sagesse – génial – général – légère

- ***j*** devant la voyelle ***u***

une jupe – juteux – une injure
Devant les voyelles ***a*** et ***o***, le son (je) s'écrit assez souvent ***j***.
jaune – joli – ajouter – japper – la jambe – jongler

- ***ge*** à la fin d'un mot

le linge – rouge – un ange – une orange – un mariage

- ***ge*** devant les voyelles ***a*** et ***o***

la vengeance – en voyageant – un plongeon – la rougeole – un cageot

REMARQUE

On trouve la lettre ***j*** dans un certain nombre de noms d'origine étrangère ; la prononciation étrangère est souvent conservée.
le jazz – un jean – le djebel – un fjord – un job – une jeep...

65 LES ÉCRITURES DES SONS (e muet), (eu ouvert), (eu fermé)

Les sons (e muet), (eu ouvert), (eu fermé) peuvent s'écrire de plusieurs manières.

Les différentes graphies du son (e muet)

- ***e***

demain – cela – une mesure

- ***on***

monsieur

- ***ai***

un faisan – faisander
nous faisons – je/tu faisais – il/elle faisait – nous faisions – vous faisiez – ils/elles faisaient – en faisant
Mais, au futur simple et au présent du conditionnel, les formes du verbe *faire* s'écrivent avec un ***e*** :
il fera – vous feriez – je ferais – nous ferions

REMARQUE

Le son (e muet), contrairement aux sons (eu ouvert) et (eu fermé), n'est pas toujours prononcé.

bouleverser – envelopper – le boulevard

Les différentes graphies du son (eu ouvert)

- ***eu***

un adieu – jeudi – le beurre

- ***œu***

le cœur – un vœu – le bœuf

- ***œ***

un œil – une œillade – le fœhn (un vent chaud)

- ***ue***

un recueil – l'orgueil – accueillir

- ***e, u, i***

Dans des mots empruntés à l'anglais : un skipper – le club – un tee-shirt

Les différentes graphies du son (eu fermé)

- ***eu***

le feu – un bleuet – ceux

- ***eû***

le jeûne – jeûner
Mais on écrit :
déjeuner – le petit-déjeuner
à jeun se prononce (ajun)
la gageure se prononce (gajur)

66 LE SON (on) / LES FINALES SONORES (o ouvert m), (om), (èn) et (am)

Le son (on) et les finales sonores (o ouvert m), (om), (èn) et (am) peuvent s'écrire de plusieurs manières.

Les différentes graphies du son (on)

- Le son (on) s'écrit toujours *on*.

un p**on**t**on** – ils v**on**t – une br**on**chite – une mais**on**

- Devant *b* et *p*, on écrit *om*.

p**om**per – t**om**ber – un vr**om**bissement

Exceptions :

de l'embonpoint – un bonbon – une bonbonne – une bonbonnière

REMARQUE

Il faut retenir l'orthographe de quelques noms où l'on entend le son (on).

le comte (titre de noblesse) – un nom – un prénom – un pronom – le renom

l'acupuncture – un lumbago – du punch (prononcé (on) lorsqu'il s'agit de la boisson)

Les finales sonores (o ouvert m), (om), (èn) et (am)

- Les mots terminés par le son (o ouvert m) s'écrivent :

-um : un référend**um** – un mus**éum** – un pens**um**
-omme : une p**omme** – il se surn**omme** – un h**omme**
-om : le slal**om**
-ome : un gastron**ome** – auton**ome** – un agron**ome**

- Les mots terminés par le son (om) s'écrivent :

-ôme : un ar**ôme** – un dipl**ôme** – un fant**ôme**
-aume : un b**aume** – la p**aume** – il emb**aume**
-ome : un at**ome** – le chr**ome** – un aérodr**ome**
-om : un pogr**om** – un **ohm**

- Les mots terminés par le son (èn) s'écrivent :

-en : le lich**en** – le poll**en** – l'abdom**en**
-ène : il ram**ène** – la sc**ène**
-eine : la p**eine** – une bal**eine** – ser**eine**
-aine : la g**aine** – la porcel**aine** – une aub**aine**
-aîne : une tr**aîne** – il entr**aîne** – la ch**aîne**
-enne : une chi**enne** – europé**enne** – une ant**enne**
-êne : la g**êne** – une al**êne** (de cordonnier) – un ch**êne**

- Les mots terminés par le son (am) s'écrivent :

-am : un tr**am** – l'isl**am** – le macad**am**
-ame : un dr**ame** – une r**ame** – il décl**ame**
-amme : la fl**amme** – un gr**amme** – la g**amme**
-âme : un bl**âme** – il se p**âme** – inf**âme**
-emme : une f**emme**

67 LES CONSONNES DOUBLES

On trouve généralement les consonnes doubles à l'intérieur des mots.

Règles générales

- **Une consonne peut être doublée :**

– entre deux voyelles ;
un ballon – différent – la pomme – une serviette – la pierre – une panne – accuser

– entre une voyelle et la consonne *l* ;
siffler – le supplice – acclamer

– entre une voyelle et la consonne *r*.
admettre – approcher – la souffrance

- Précédée d'une autre consonne, une consonne n'est **jamais doublée.**

parler – un pompier – un verger – une armée – la pente

REMARQUES

1 Neuf consonnes sont assez souvent doublées :

c – f – l – m – n – p – r – s – t

Cinq ne sont que rarement doublées :

k – b – d – g – z

Six consonnes ne sont jamais doublées :

h – j – q – v – w – x

2 On peut trouver une double consonne à la fin de certains noms d'origine étrangère :

le bluff – un pull – un djinn (un génie ou démon) – une miss – un watt – le jazz

3 Certains homonymes se distinguent par la présence ou non d'une consonne double.

une serviette sale
une date historique

une salle à manger
manger une datte

Accentuation et prononciation

• La consonne qui suit une voyelle accentuée n'est jamais doublée.
une étrenne, mais une sirène
un parterre, mais un caractère
Exception : le châssis (et les mots de la même famille).
Inversement, lorsqu'une consonne est doublée, il n'y a jamais d'accent sur la voyelle qui précède.
une vignette, mais la planète
une rondelle, mais un modèle

• Entre deux voyelles, si la lettre ***s*** est doublée, elle se prononce (s).
le poisson – basse – la casse – un russe
Entre deux voyelles, si la lettre ***s*** est simple, elle se prononce (z).
le poison – la base – la case – une ruse

• Dans la conjugaison de beaucoup de verbes en ***-eler*** et ***-eter***, le ***l*** et le ***t*** sont doublés devant un ***e*** muet. La prononciation est alors modifiée.
appeler : il appelle – nous appellerons
jeter : je jette – ils jetteront
Mais, pour quelques verbes, la consonne n'est pas doublée et on place un accent grave pour obtenir le son (è).
geler : il gèle – il gèlera
acheter : j'achète – vous achèterez

68 LES CONSONNES DOUBLES APRÈS UNE VOYELLE INITIALE

Les consonnes doubles peuvent suivre une voyelle initiale.

Les différents cas

• Les mots commençant par ***ab-***, ***ad-*** et ***am-*** ne doublent jamais le ***b***, le ***d*** et le ***m***.

l'abandon – aboyer – un abus – d'abord
adieu – adapter – adroit – un adulte
l'amitié – amer – amortir – amusant

Exceptions :

un abbé – une abbaye – une abbesse – abbatial
une addition – additionner – l'adduction
l'ammoniaque – une ammonite

• Les mots commençant par ***app-*** prennent souvent deux ***p***.

appeler – approcher – l'apparence – applaudir – appuyer – l'appétit – apparition

Exceptions :

l'apéritif – apercevoir – apaiser – après – s'apitoyer – aplatir – l'apostrophe – un apôtre – l'apothéose

• Les mots commençant par ***acc-***, dans lesquels on entend le son (k), prennent le plus souvent deux ***c***.

accompagner – l'accident – accrocher – acclamer

Exceptions :

l'acrobate – l'académie – l'acacia – l'acompte – l'acajou – acoustique – acquitter – âcre

• Les mots commençant par ***aff-***, ***eff-*** et ***off-*** prennent deux ***f***.

l'affaire – un effort – l'officier

Exceptions :

afin – l'Afrique – africain

• Les mots commençant par ***ag-*** ne prennent qu'un seul *g.*
agressif – agréable – agrandir – un agriculteur
Exceptions :
aggloméré – agglutiner – aggraver

• Les mots commençant par ***att-*** prennent le plus souvent deux *t.*
attacher – l'attaque – attraper – attendre
Exceptions :
l'atelier – l'athlète – l'atlas – l'atmosphère – l'atome – l'atout – atroce – atrophié – l'athéisme – un atoll

• Les mots commençant par ***am-*** et ***an-*** ne prennent qu'un seul ***m*** et qu'un seul ***n.***
un amiral – une amazone – une amorce – analphabète – l'anatomie – anonyme
Exceptions :
l'ammoniac – une année – annexer – annoncer – annuler – annoter

• Les mots commençant par ***il-***, ***ir-*** et ***im-*** doublent la consonne après le ***i.***
une illusion – illustre – irrégulier – l'irruption – immédiat – immense
Exceptions :
une île – un os iliaque – irascible – un iris – l'ironie – une image – imiter

• Les mots commençant par ***éc-*** s'écrivent avec un seul ***c.***
écarter – écouler – de l'écume
Exceptions :
une ecchymose – un ecclésiastique

69 LES NOMS EN -eur, -eure, -eurt, -eurre – LES NOMS EN -oir, -oire

Les noms en (eur) et en (oir) ont différentes finales sonores homophones qu'il faut savoir distinguer.

Les noms terminés par le son (eur)

- La grande majorité des noms, masculins et féminins, terminés par le son (eur) s'écrivent ***-eur***.

le chauff**eur** – un balad**eur** – un ascens**eur** – la douc**eur** – la longu**eur** – la val**eur**

Exceptions :

le b**eurre** – la dem**eure** – l'h**eure** – un h**eurt** (heurter) – un l**eurre** (leurrer)

- Certains noms terminés par le son (eur) s'écrivent avec un ***o*** et un ***e*** liés.

le c**œur** – la s**œur** – la ranc**œur** – un ch**œur**

- Quelques adjectifs qualificatifs masculins se terminent également par ***-eur***.

le meill**eur** résultat – un classement flatt**eur** – le règlement intéri**eur**

REMARQUE

Quelques noms empruntés à des langues étrangères se terminent par le son (eur), mais ils gardent leur orthographe d'origine.

un leader – un speaker – un flipper – un dealer – un manager* – un cutter*

* Certains peuvent aussi se prononcer (èr).

Les noms terminés par le son (oir)

- Les noms féminins terminés par le son (oir) s'écrivent tous ***-oire***.

une hist**oire** – la gl**oire** – une baign**oire**

- Les noms masculins terminés par le son (oir) s'écrivent généralement ***-oir***.

un trott**oir** – le désesp**oir** – le pouv**oir** – le dev**oir**

Exceptions :

le laborat**oire** – le répert**oire** – un interrogat**oire** – un observat**oire**…

Il faut retenir l'orthographe du nom d'origine anglaise *un square* (un petit jardin public).

- Les adjectifs masculins terminés par le son (oir) s'écrivent tous ***-oire***.

un emploi provis**oire** – un prix déris**oire** – un effort mérit**oire**

Exception : un tableau n**oir**

REMARQUES

1 On hésite souvent sur le genre de quelques noms terminés par le son (oir).

– noms masculins :

un iv**oire** – un access**oire**

– noms féminins :

une écrit**oire** – une échappat**oire**

2 Le nom *mémoire* peut être féminin (*avoir une bonne mémoire*) ou masculin (*rédiger un mémoire sur les insectes*).

70 LES NOMS TERMINÉS PAR LE SON (o)

Les noms terminés par le son (o) ont différentes finales sonores homophones qu'il faut savoir distinguer.

Confusion due à la prononciation

Les noms terminés par le son (o) peuvent s'écrire :

- ***-eau***

un tonn**eau** – le cerv**eau** – un pinc**eau**

Beaucoup de noms terminés par le son (o) s'écrivent ainsi.
Seuls deux noms terminés par ***-eau*** sont du genre féminin :
la p**eau** – l'**eau**

- ***-au***

le pré**au** – le tuy**au** – le boy**au**

- ***-o***

un lavab**o** – un pian**o** – le lot**o**

Il faut retenir l'orthographe d'un nom commun terminé par ***-oo*** :
un z**oo**, qui peut se prononcer (zo) ou (zoo).

- ***-ôt***

un imp**ôt** – le dép**ôt** – un entrep**ôt**

- ***-op***

le gal**op** – un sir**op**

Autres cas

• À la fin des noms terminés par ***-o*** ou ***-au***, on trouve souvent une lettre muette.

un lo**t** – le repo**s** – le galo**p** – un escro**c** – un assau**t** – le réchau**d** – le tau**x**

• Il est parfois possible de trouver la consonne finale d'un nom terminé par ***-au*** ou ***-o*** avec un mot de la même famille dans lequel on entend la consonne.

un abrico**t** → un abrico**t**ier
le repo**s** → se repo**s**er

Mais il y a des exceptions (*le numéro* → *numéroter*), aussi est-il plus prudent de consulter un dictionnaire en cas de doute.

• Les noms pluriels terminés par le son (o) s'écrivent ***-aux*** (sans ***e***) lorsque le nom singulier se termine par ***-al*** ou ***-ail***.

un cheval → des chev**aux**
un travail → des trav**aux**

REMARQUES

1 Beaucoup de noms terminés par ***-o*** sont des noms formés en raccourcissant d'autres noms (voir fiche 57).

la photographie → la phot**o**
un microphone → un micr**o**
une automobile → une aut**o**

2 Il n'y a jamais de lettre muette après la terminaison ***-eau***, sauf lorsque le nom est au pluriel.

des pinc**eaux** – des bur**eaux** – des chap**eaux**

71 LES NOMS TERMINÉS PAR LE SON (è)

Les noms terminés par le son (è) ont différentes finales sonores homophones qu'il faut savoir distinguer.

Les noms masculins

Les noms masculins terminés par le son (è) s'écrivent -*et*.
le fil**et** – un bill**et** – le parqu**et** – le budg**et**

Il y a d'autres terminaisons qu'il faut bien connaître :

- ***-ai*** : le miner**ai** – le dél**ai** – le qu**ai**
- ***-ait*** : le forf**ait** – le retr**ait** – le portr**ait**
- ***-ais*** : le pal**ais** – un harn**ais** – le mar**ais**
- ***-ès*** : l'acc**ès** – le congr**ès** – le progr**ès**
- ***-êt*** : un arr**êt** – un pr**êt** – le gen**êt**
- ***-ect*** : le resp**ect** – l'asp**ect** – un susp**ect**
- ***-ey*** : le voll**ey** – un pon**ey** – un b**ey**
- ***-ay*** : le tramw**ay**

Ces noms sont des emprunts aux langues étrangères (sauf *le gamay*, nom d'un cépage).

REMARQUE

Un mets et *un entremets* prennent un -*s* même au singulier.

Les noms féminins

Les noms féminins terminés par le son (è) s'écrivent ***-aie***.

la pl**aie** – la b**aie** – la cr**aie**

Exceptions : la pai**x** – la for**êt**

REMARQUES

1 On peut parfois trouver la lettre muette finale des noms terminés par le son (è) avec un mot de la même famille dans lequel cette lettre est prononcée.

le regre**t** → regre**tt**er
l'excè**s** → exce**ss**if
le lai**t** → la lai**t**erie
l'engrai**s** → engrai**ss**er
le crê**t** → la crê**t**e
le suspe**ct** → suspe**ct**er

2 Beaucoup de lieux plantés d'arbres (ou d'arbustes) sont des noms féminins terminés par ***-aie***.

la roser**aie** – la palmer**aie** – l'oranger**aie**

3 Beaucoup de noms d'habitants se terminent par ***-ais***.

les Lyonn**ais** – les Angl**ais** – les Liban**ais**

4 La graphie ***-ay*** termine de nombreux noms propres.

Bomb**ay** – l'Urugu**ay** – le Paragu**ay** – Joachim Du Bell**ay** – Épern**ay** – Annon**ay**

72 LES NOMS TERMINÉS PAR LE SON (é)

Les noms terminés par le son (é) ont différentes finales sonores homophones qu'il faut savoir distinguer.

Les noms féminins

- **Les noms féminins** terminés par le son (é) s'écrivent ***-ée***.

une all**ée** – la chemin**ée** – la veill**ée** – la bou**ée**

Exceptions :

la cl**é** (qui peut aussi s'écrire la cl**ef**) – l'acn**é** – une psych**é** (un grand miroir)

- Les noms féminins terminés par ***-té*** ou ***-tié*** s'écrivent ***-é***.

la bont**é** – la libert**é** – la sant**é** – l'amiti**é**

Exceptions :

la dict**ée** – la mont**ée** – la remont**ée** – la jet**ée** – la port**ée** – la but**ée** – la pât**ée**

Ainsi que les noms qui indiquent un contenu.

une brouett**ée** de sable – une pot**ée** aux choux – une nuit**ée** d'hôtel

Les noms masculins

- Beaucoup de **noms masculins** terminés par le son (é) s'écrivent ***-er***.

le papi**er** – le dang**er** – l'épervi**er** – un loy**er**

Ce sont assez souvent :

– des **noms de métiers** ;

un bouch**er** – un pompi**er** – un routi**er** – un serruri**er**

– des **noms d'arbres ou d'arbustes** ;

un framboisi**er** – un cerisi**er** – un rosi**er** – un olivi**er**

– des **noms formés sur des infinitifs** de verbes du 1er groupe.
le dîn**er** – le soup**er** – le déjeun**er** – le goût**er**

• Un certain nombre de noms masculins terminés par le son (é) s'écrivent ***-é***.
le bl**é** – le béb**é** – le degr**é** – le caf**é**

• Quelques noms masculins terminés par le son (é) s'écrivent ***-ée***.
le lyc**ée** – le mus**ée** – le scarab**ée** – un mausol**ée** – un troph**ée** – un rez-de-chauss**ée**

REMARQUES

1 Certains participes passés de verbes du 1er groupe sont employés comme noms.
un corrig**é** – un énonc**é** – un souffl**é** – un trait**é**

Certains sont employés au masculin ou au féminin dont ils prennent la marque.
un(e) réfugié(e) – un(e) employé(e) – un(e) accusé(e) – un(e) invité(e)

2 Il ne faut pas confondre *la pâtée* du chien (nom féminin) qui fait exception à la règle des noms féminins en ***-té*** ou ***-tié***, et *le pâté* (nom masculin).

3 Quelques noms masculins ont des terminaisons particulières :
le pi**ed** – le marchepi**ed** – le ne**z**

73 LES NOMS TERMINÉS PAR LES SONS (i) ET (u)

Les noms terminés par les sons (i) et (u) ont différentes finales sonores homophones qu'il faut savoir distinguer.

Les noms terminés par le son (i)

• **Les noms féminins** terminés par le son (i) s'écrivent ***-ie***.
la parod**ie** – l'autops**ie** – l'éclairc**ie**

Exceptions :
la sour**is** – la breb**is** – la perdr**ix** – la fourm**i** – la nu**it**

• **Les noms masculins** terminés par le son (i) peuvent s'écrire :

– ***-i***
un cr**i** – un enném**i** – un confett**i**

– ***-ie***
un incend**ie** – un gén**ie** – un parapl**uie**

– ***-is***
un rad**is** – le maqu**is** – le parv**is**

– ***-it***
le bru**it** – le créd**it** – l'appét**it**

Il existe quelques terminaisons plus rares :

-il : le pers**il** – un out**il**
-iz : le r**iz**
-ye : le rall**ye**
-ix : le pr**ix** – un crucif**ix**
-id : le n**id**
-y : le jur**y**

REMARQUE

Merci, toujours écrit avec un *i* final, peut être un nom masculin :
Mon ami m'adresse un grand merc**i**.

ou un nom féminin :
Ce pilote est à la merc**i** d'un incident mécanique.

Les noms terminés par le son (u)

• **Les noms féminins** terminés par le son (u) s'écrivent ***-ue***.
la gr**ue** – la coh**ue** – la verr**ue**
Exceptions :
la trib**u** – la vert**u** – la br**u** – la gl**u**

• **Les noms masculins** terminés par le son (u) peuvent s'écrire :
– *-u*
un aperç**u** – un tiss**u** – un éc**u**
– *-us*
un surpl**us** – un intr**us** – un ob**us**
– *-ut*
un b**ut** – un sal**ut** – le chal**ut**
– *-ux*
le refl**ux** – l'affl**ux**
– *-ût*
à l'aff**ût** – un f**ût**

Pour les noms masculins, il est prudent de consulter un dictionnaire en cas de doute.

74 LES NOMS TERMINÉS PAR LES SONS (ou) ET (oua)

Les noms terminés par les sons (ou) et (oua) ont différentes finales sonores homophones qu'il faut savoir distinguer.

Les noms terminés par le son (ou)

- **Les noms féminins** terminés par le son (ou) s'écrivent ***-oue***.

la j**oue** – la r**oue** – la pr**oue**

Exception : la t**oux**

- **Les noms masculins** terminés par le son (ou) peuvent s'écrire :

– ***-ou***

le gen**ou** – le p**ou** – le tr**ou**

– ***-out*** ou ***-oût***

un aj**out** – un ég**out** – le g**oût**

– ***-ous***

un rem**ous** – le dess**ous**

– ***-oux***

un jal**oux** – le h**oux**

- Il existe quelques terminaisons plus rares :

le caoutch**ouc** – le j**oug** – le l**oup** – le p**ouls** – boire tout son s**aoul** (son s**oûl**)

Les noms terminés par le son (oua)

- **Les noms féminins** terminés par le son (oua) s'écrivent :

– ***-oie***

la j**oie** – la courr**oie** – la s**oie**

– ***-oi***

la f**oi** – la l**oi** – une par**oi**

– ***-oix***

la p**oix** – la cr**oix** – la n**oix** – la v**oix**

- **Les noms masculins** terminés par le son (oua) s'écrivent :

– ***-oi***

un empl**oi** – un conv**oi** – l'ém**oi**

– ***-ois***

un m**ois** – un b**ois** – un cham**ois**

– ***-oit***

un endr**oit** – un t**oit** – le dr**oit**

- Il existe quelques terminaisons plus rares :

un ch**oix** – le f**oie** – le p**oids** – le d**oigt** – le fr**oid**

Pour tous ces noms, il est prudent de consulter un dictionnaire en cas de doute.

REMARQUE

Un certain nombre de noms d'habitants se terminent par ***-ois***.

les Lill**ois** – les Dan**ois** – les Chin**ois** – les Iroqu**ois** – les Bavar**ois**

75 LES NOMS TERMINÉS PAR LE SON (l)

Les noms terminés par le son (l) ont différentes finales sonores homophones.

Les noms terminés par le son (al)

- **Les noms masculins** terminés par le son (al) s'écrivent :

– ***-al*** : un métal – un animal – un piédestal
– ***-âle*** : un râle – un mâle – un châle
Exceptions : un scandale – un vandale – un dédale – un pétale – un cannibale – un intervalle

- **Les noms féminins** terminés par le son (al) s'écrivent :

– ***-ale*** : une sandale – une escale – une rafale
– ***-alle*** : une dalle – une malle – une salle

Les noms terminés par le son (èl)

- **Les noms masculins** terminés par le son (èl) s'écrivent :

– ***-el*** : le tunnel – un hôtel – le miel
Exceptions : le zèle – un parallèle – un polichinelle – un vermicelle – un rebelle – un cocktail

- **Les noms féminins** terminés par le son (èl) s'écrivent :

– ***-elle*** : une mamelle – une pelle – une selle
Exceptions : la clientèle – une parallèle – la grêle – une stèle – une aile

Les noms terminés par le son (il)

Les noms masculins et féminins terminés par le son (il) s'écrivent :

– ***-il*** : le fil – un profil – un civil

– ***-ile*** : l'argile – un reptile – une file

Exceptions : la ville – le bacille – un mille – un vaudeville
la chlorophylle – une idylle – le crésyl – le phényle

Les noms terminés par les sons (o ouvert l) et (ol)

• **Les noms masculins et féminins** terminés par les sons (o ouvert l) et (ol) s'écrivent :

– ***-ol*** : le sol – un envol – un bol (seulement des noms masculins)

– ***-ole*** : une gondole – un symbole – une casserole

– ***-olle*** : la colle – une corolle – une fumerolle

– ***-ôle*** : le rôle – un contrôle – la tôle

• Graphies plus rares : le saule – une gaule – un hall – un goal – le crawl – le football – un atoll

Les noms terminés par le son (ul)

Les noms masculins et féminins terminés par le son (ul) s'écrivent :

– ***-ule*** : un véhicule – la mandibule – un tentacule

Exceptions : le calcul – le recul – le consul – le cumul – la bulle – le tulle

76 LES NOMS TERMINÉS PAR LE SON (r)

Les noms terminés par le son (r) ont différentes finales sonores homophones.

Les noms terminés par le son (ar)

• **Les noms masculins** terminés par le son (ar) s'écrivent :
– ***-ard*** : un bill**ard** – le has**ard** – un plac**ard**
– ***-ar*** : un cauchem**ar** – un nénuph**ar** – le doll**ar**
– ***-art*** : un éc**art** – un remp**art** – un qu**art**
– ***-are*** : un ph**are** – un hect**are** – un cig**are**

• Graphies plus rares : un tintam**arre** – des **arrhes** – un j**ars**

• **Les noms féminins** terminés par le son (ar) s'écrivent :
– ***-arre*** : la bag**arre** – une j**arre** – une am**arre**
– ***-are*** : la m**are** – la fanf**are** – la g**are**
Exceptions : la p**art** – la plup**art**

Les noms terminés par le son (èr)

• **Les noms masculins et féminins** terminés par le son (èr) s'écrivent :
– ***-ère*** : une étag**ère** – un fr**ère** – la mati**ère**
– ***-aire*** : l'anivers**aire** – un itinér**aire** – un mission**naire**
– ***-er*** : un bulldoz**er** – un report**er** – un v**er** (de terre)
– ***-erre*** : une équ**erre** – le tonn**erre** – une s**erre**
– ***-ert*** : le couv**ert** – le dess**ert** – un exp**ert**

• Graphies plus rares : le rev**ers** – l'univ**ers** – le n**erf** – le fl**air** – un cl**erc**

Les noms terminés par le son (ir)

• **Les noms masculins et féminins** terminés par le son (ir) s'écrivent :
– ***-ir*** : le t**ir** – l'aven**ir** – un saph**ir**
– ***-ire*** : un vamp**ire** – la c**ire** – une tirel**ire**
• Graphies plus rares : le mart**yr(e)** – une l**yre** – le zéph**yr** – la m**yrrhe** (résine odorante)

Les noms terminés par le son (or)

• **Les noms masculins et féminins** terminés par le son (or) s'écrivent :
– ***-or*** : le c**or** de chasse – le trés**or** – un tén**or**
(seulement des noms masculins)
– ***-ore*** : une fl**ore** – une métaph**ore** – un mété**ore**
– ***-ort*** : un eff**ort** – le ress**ort** – un transp**ort**
– ***-ord*** : le b**ord** – un racc**ord** – à trib**ord**
• Graphies plus rares : le p**orc** – le minot**aure** – le c**orps** – le m**ors** – le rem**ords**

Les noms terminés par le son (ur)

Les noms masculins et féminins terminés par le son (ur) s'écrivent :
– ***-ure*** : une manuc**ure** – la toit**ure** – le carb**ure**
Exceptions : le fém**ur** – le m**ur** – l'az**ur** – le fut**ur**

77 LES NOMS TERMINÉS PAR LE SON (ans)

Les noms terminés par le son (ans), qui sont le plus souvent des noms féminins, s'écrivent généralement avec deux terminaisons différentes, aussi fréquentes l'une que l'autre.

Les noms terminés par *-ance*

la bal**ance** – les vac**ances** – la nu**ance** – la venge**ance** – la Fr**ance**

Beaucoup de ces noms sont des substantifs d'adjectifs qualificatifs (ou d'adjectifs verbaux) terminés par ***-ant***.

des soldats vaillants → la vaill**ance** des soldats
une importante décision → l'import**ance** d'une décision
une croyance survivante → la surviv**ance** d'une croyance
des câbles résistants → la résist**ance** des câbles

Les noms terminés par *-ence*

l'ag**ence** – la cad**ence** – la sem**ence** – la lic**ence** – la faï**ence**

Beaucoup de ces noms sont des substantifs d'adjectifs qualificatifs terminés par ***-ent***.

une pensée cohérente → la cohér**ence** d'une pensée
des hommes corpulents → la corpul**ence** de ces hommes
des propos véhéments → la véhém**ence** des propos
une proposition indigente → l'indig**ence** d'une proposition

Il faut retenir deux exceptions à la règle de formation de ces noms.

un père exigeant → l'exig**ence** d'un père
un journal existant → l'exist**ence** d'un journal

REMARQUES

1 Quelques noms ont des terminaisons particulières.

– ***-anse***

la danse – une ganse – l'anse – la panse – la transe

– ***-ense***

la défense – l'offense – la dépense – la dispense – la récompense

2 Seul un nom terminé par le son (ans) est masculin :

le silence

3 On peut parfois retrouver la terminaison correcte à l'aide d'un mot de la même famille que l'on sait orthographier.

l'enf**a**nt → l'enf**a**nce

av**a**ncer → l'av**a**nce

un afflu**e**nt → l'afflu**e**nce

abs**e**nt → l'abs**e**nce

4 En anglais, le nom *danse* s'écrit *dance* !

78 LES CONSONNES FINALES MUETTES

Il y a une ou des consonnes muettes à la fin de :

– certains noms ;

le plom**b** – le flan**c** – ron**d** – du persi**l** – un ner**f** – le san**g** – un ta**s** – une croi**x** – un poi**ds** – un manuscri**t** – le ri**z**

– certains adjectifs.

gri**s** – vivan**t** – heureu**x** – ba**s** – ron**d**

Comment retrouver les consonnes finales muettes ?

- Pour entendre la consonne finale, on peut :

– **essayer de former le féminin** ;

un ballon ron**d** → une table ron**d**e

un organisme vivan**t** → une scène vivan**t**e

un ciel gri**s** → une journée gri**s**e

– **chercher un mot de la même famille** ;

le plom**b** → le plom**b**ier

le flan**c** → flan**c**her

l'outi**l** → l'outi**l**lage

un ta**s** → ta**s**ser

– **s'appuyer sur la liaison.**

renvoyer les personnes do**s** (z)à dos

- On peut identifier la consonne finale *-x* lorsqu'elle se transforme en *-s-* dans des mots féminins, ou de même famille.

heureu**x** → heureu**s**e

une croi**x** → croi**s**er

- Il n'est pas toujours possible d'utiliser ces procédés :

le homard – le croquis – un hareng – le parcours – monsieur

Ou bien ils peuvent entraîner une erreur.

s'abriter, mais un abri

juteux, mais le jus

un bijoutier, mais un bijou

REMARQUES

1 La plupart des noms terminés par une consonne muette sont masculins. Seule une trentaine de noms féminins ont une consonne finale muette.

2 Sur les vingt consonnes de l'alphabet, treize peuvent être muettes à la fin d'un mot :

b – c – d – f – g – h – l – p – r – s – t – x – z

3 Dans certains noms, ces mêmes consonnes sont sonores.

un ours – le thorax – un bouc – un poil – un test – le bled – un veuf – le contact

4 Lorsqu'on accorde les mots ou lorsqu'on conjugue les verbes, on place aussi des lettres muettes.

des rues étroites – de nouveaux journaux
tu bouges – tu peux – ils cherchent – elle pâlit – il sort

5 On trouve également des lettres muettes à la fin de certains adverbes :

toujours – jamais – dessus – alors – après – désormais

ou de déterminants indéfinis.

plusieurs – divers

Lorsqu'un doute subsiste, il faut chercher l'orthographe des mots dans un dictionnaire.

79 LA LETTRE *H* EN DÉBUT DE MOT

Comme la lettre ***h*** ne se prononce pas, il est souvent difficile de savoir s'il faut la placer en début de mot.

Le *h* aspiré

Lorsqu'un mot commence par un ***h*** aspiré, on ne place pas d'apostrophe et la liaison avec le mot qui précède est impossible.

Le **h**ameau a gardé tout son charme.
Les / **h**ameaux ont gardé tout leur charme.
L'alpiniste se **h**isse au sommet.
Les alpinistes se sont / **h**issés au sommet.

REMARQUE

Pour quelques mots (heureusement peu nombreux), l'élision et la liaison sont impossibles bien qu'il n'y ait pas présence d'un ***h*** initial.

les yaourts – le yoga – les yachts – les yacks – le yen – les yoles – les yourtes
les onze premiers – la ouate

Le *h* muet

• Lorsqu'un mot commence par un *h* muet, on place l'apostrophe au singulier et on fait la liaison au pluriel. Le pronom personnel *se* s'élide en *s'*.

L'**h**élice du navire est faussée.
Les (z)**h**élices du navire sont faussées.
Il fait froid ; les gens s'**h**abillent chaudement.
Cet instrument produit des sons très (z)**h**armonieux.

Dans ce cas, seule la mémorisation des mots ou la consultation d'un dictionnaire permettent de savoir s'il y a un *h* initial.

• Le *h* est muet dans beaucoup de mots qui commencent par un préfixe d'origine grecque.

l'**h**écatombe – l'**h**ellénisme – l'**h**éliotropisme – l'**h**émisphère – l'**h**émorragie – l'**h**étérogénéité – un **h**ippodrome – l'**h**omonyme – l'**h**oroscope – l'**h**ydrogène – l'**h**ypnose – l'**h**ypoglycémie

REMARQUES

1 On trouve la lettre *h* combinée avec d'autres lettres pour former des sons consonnes.

ch : la **ch**asse – un mat**ch**
ph : un **ph**oque – une **ph**rase
sh : le **sh**ort – le **sh**érif
sch : le **sch**éma – le kir**sch**
ch (prononcé (k)) : la **ch**lorophylle – le **ch**rome – une **ch**ronique

2 On trouve parfois la lettre *h* à la fin de quelques mots ou interjections.

o**h** – e**h** – un mammout**h** – l'anet**h** – la casba**h** – le copra**h**

80 LES LETTRES MUETTES INTERCALÉES

À l'intérieur des mots, on peut trouver des lettres muettes intercalées comme le ***h*** ou le ***e***.

La lettre *h* intercalée

authentique – une panthère – le thermalisme – un dahlia – une inhalation – l'éther – l'adhésion – exhorter

• Le ***h*** peut séparer deux voyelles et tenir le rôle d'un tréma, empêchant qu'elles forment un seul son.
ahuri – brouhaha – un cahot – une cohorte – un véhicule – ahurissant

• On trouve un ***h*** dans de nombreux préfixes et suffixes, d'origine grecque.
thermo- : un thermomètre – le thermostat
chrono- : un chronomètre – la chronologie
rhin- : un rhinocéros – une rhinite
thérap- : une thérapie – un radiothérapeute
-graphe : un géographe – le photographe
-thèque : la bibliothèque – la discothèque

• Dans des mots d'origine étrangère, la lettre ***h***, placée après un ***g***, permet de prononcer le ***g*** (g).
un ghetto – des spaghettis

La lettre *e* intercalée

- Au futur simple de l'indicatif et au présent du conditionnel, pour les verbes du 1er groupe en ***-ier, -ouer, -uer, -yer,*** il ne faut pas oublier de placer le **e** de l'infinitif qui reste muet.

remercier → je remerci**e**rai – nous remerci**e**rions
renflouer → nous renflou**e**rons – je renflou**e**rais
éternuer → il éternu**e**ra – elles éternu**e**raient
tutoyer → tu tutoi**e**ras – vous tutoi**e**riez

- La plupart des noms dérivant de ces verbes gardent le **e** de l'infinitif.

remercier → le remerci**e**ment
renflouer → le renflou**e**ment
éternuer → l'éternu**e**ment
tutoyer → le tutoi**e**ment

Exceptions :

châtier → le châtiment
arguer → l'argument
agréer → l'agrément

REMARQUE

D'autres lettres peuvent être muettes à l'intérieur des mots.

– la lettre ***m***
l'autom**m**ne – conda**m**ner

– la lettre ***p***
se**p**tième – le ba**p**tême – le com**p**teur

– la lettre ***g***
la san**g**sue – les amy**g**dales

– la lettre ***o***
l'alc**o**ol

– la lettre ***a***
la S**a**ône – un to**a**st

81 LA LETTRE X

La lettre *x* peut être sonore (et se prononcer de plusieurs façons) ou muette.

La lettre *x* : consonne sonore

- La lettre *x* se prononce :

– (ks)

l'explication – une galaxie – l'expiration – un élixir

– (gz) dans les mots commençant pas ***ex-***, si le ***x*** est suivi d'une voyelle ou d'un ***h***.

exagérer – examen – l'exécution – existence – l'exhibition

- Suivie d'un *c*, la lettre *x* a la valeur du son (k) dans les mots commençant par ***ex-***.

exciter – l'excédent – excentrique – excellent

- En fin de mot, le son (ks) peut s'écrire ***-x*** ou ***-xe***.

le sile**x** – le laryn**x** – une ta**xe** – l'anne**xe**

REMARQUES

1 Comme elle équivaut à deux consonnes, la lettre *x* n'est jamais précédée d'un *e* accentué.

2 La lettre *x* peut éventuellement se prononcer (s) ou (z).

(s) : di**x** – si**x** – soi**x**ante – Bru**x**elles – Au**x**erre
(z) : deu**x**ième – si**x**ième – di**x**ième

3 Très peu de mots commencent par la lettre *x*.

un **x**ylophone – la **x**énophobie – le vin de **X**érès – **X**avier

4 Il arrive que le son (ks) soit transcrit par :

– deux ***c*** devant ***e*** ou ***i*** ;
le succès – accepter – l'occident – la succession
– ***-ct-*** devant le suffixe ***-ion***.
l'action – la direction – la fonction
Exceptions :
la connexion – la réflexion – la flexion

5 Il faut retenir ces deux orthographes :

le tocsin : sonnerie de cloche pour donner l'alarme
l'eczéma : rougeurs sur la peau

La lettre *x* : consonne muette

La lettre ***x*** est muette :

- quand elle marque le pluriel de certains noms et adjectifs ;
les bateaux – les aveux – les bijoux – des journaux locaux

- à la fin de certains mots, même au singulier.
la croix – le houx – deux – roux

82 LES PRÉFIXES ET LES SUFFIXES

Le préfixe se place au début du radical pour former un mot nouveau ; le suffixe à la fin du radical. Différents préfixes ou suffixes ont des formes homophones.

Des préfixes

• Les mots formés avec les préfixes ***il-***, ***im-***, ***in-***, ***ir-*** doublent la consonne quand le radical commence par ***l***, ***m***, ***n***, ***r***.

illimité
immangeable
l'**in**novation
irréel

Exceptions :
imaginer – l'île – l'iris – inamical (radical : ami)

Comme il n'est pas toujours possible de retrouver le radical (souvent un mot latin aujourd'hui inusité), il faut vérifier dans un dictionnaire en cas de doute.

• Pour bien orthographier un mot formé à l'aide de préfixes comme ***dé-***, ***dés-***, ***en-***, ***em-***, ***r(e)-***, il faut penser au radical.
emménager est formé sur le radical *ménager* et le préfixe ***em-***
→ deux ***m***
enivrer est formé sur le radical *ivre* et le préfixe ***en-***
→ un seul ***n***

Des suffixes

- Les noms et adjectifs terminés par le son (sièl) s'écrivent ***-ciel*** ou ***-tiel***.

un logi**ciel** – superfi**ciel** un poten**tiel** – torren**tiel**

Les adjectifs féminins doublent le ***l***.

une idée superfi**cielle** une pluie torren**tielle**

- Les noms et adjectifs terminés par le son (sial) s'écrivent ***-cial*** ou ***-tial***.

commer**cial** – ra**cial** par**tial** – spa**tial**

Exception : paroi**ssial**

Les adjectifs féminins ne doublent pas le ***l***.

une branche commer**ciale** une navette spa**tiale**

Les adjectifs masculins pluriels se terminent généralement par ***-aux***.

des centres commer**ciaux** – des préjugés ra**ciaux**

- Les adjectifs terminés par le son (sieu) s'écrivent le plus souvent ***-cieux*** ; quelques-uns s'écrivent ***-tieux***.

gra**cieux** – spa**cieux** – pré**cieux** – mali**cieux**

préten**tieux** – minu**tieux** – infec**tieux**

- Les noms terminés par le son (sion) s'écrivent le plus souvent ***-tion***.

la posi**tion** – la por**tion** – la nata**tion** – l'éduca**tion**

Quelques-uns s'écrivent :

-sion : la ver**sion** – l'excur**sion**

-ssion : la pa**ssion** – la mi**ssion** – l'obse**ssion**

-xion : l'anne**xion** – la réfle**xion**

-cion : la suspi**cion**

REMARQUE

Les verbes du 1er groupe terminés par ***-onner*** s'écrivent avec deux ***n***. savo**nner** – tâto**nner** – actio**nner**

Exceptions : télépho**ner** – s'époumo**ner** – ramo**ner** – trô**ner**

83 LES HOMONYMES LEXICAUX

Les homonymes sont des mots dont la prononciation est identique mais qui ont des orthographes différentes. Seuls le contexte ou la consultation d'un dictionnaire permettent de lever les ambiguïtés.

l'épreuve de **saut** en hauteur
Il n'y a pas de **sot** métier
porter un **seau** d'eau
parler sous le **sceau** du secret

Comment les distinguer ?

- Certains homonymes ne se distinguent que par **la présence d'un accent.**

Ce fruit est **mûr.** — Il s'appuie contre le **mur.**
avoir une **tâche** difficile — effacer une **tache** d'encre
ouvrir une **boîte** de chocolat — Ce vieillard **boite** légèrement.

- Les homonymes peuvent être **de natures grammaticales différentes.**

L'infirmière fait une prise de **sang** au malade. → nom
Il ne faut jamais rouler **sans** boucler sa ceinture de sécurité. → préposition
Ce radiateur électrique vaut **cent** euros. → déterminant numéral
Ce bouquet de fleurs **sent** bon. → verbe conjugué

REMARQUES

1 Des mots de la même famille permettent quelquefois de trouver l'orthographe correcte.

avoir faim → souffrir de la famine
attendre la fin → cela va bientôt finir

2 Quelques mots sont homophones mais difficiles à distinguer car ils appartiennent à la même famille.
Il est préférable de consulter un dictionnaire.

souffrir le **martyre** – canoniser un **martyr**
des adjectifs **numéraux** – les **numéros** gagnants

3 Certains éléments de la phrase sont parfois homonymes.
Le sens permet de les distinguer assez facilement.

Je **l'ai fait** volontiers.
l'effet de surprise

Voici **des filets** de pêcheur.
Les images **défilaient** rapidement.

Ce pantalon, tu **l'as mis** souvent.
Dans le pain, je préfère **la mie**.

Cas particulier

Lorsque des homonymes se prononcent et s'écrivent de la même manière, on dit qu'ils sont **homographes**. Il peut s'agir de :

- deux noms de genres différents ;

le **tour** de France — la **tour** du château

- d'un nom et d'un verbe.

la **voie** de chemin de fer — Il faut que je te **voie**.

84 LES MOTS D'ORIGINE ÉTRANGÈRE

Certains mots, souvent utilisés, sont empruntés à d'autres langues que le français.

Les différentes langues d'emprunt

- l'anglais : le camping – un puzzle – le stress – un sprint – un pickpocket – un clown – le record
- l'italien : un confetti – l'opéra – un imprésario – le carpaccio – un dilettante
- l'espagnol : un toréador – la paella – un rodéo – le cacao – l'embargo – la cédille – la pacotille
- le portugais : un autodafé
- l'allemand : un bivouac – un blockhaus – un leitmotiv – un hamster – un edelweiss – un putsch
- le japonais : le karaté – un bonze – une geisha – un kamikaze – hara-kiri – le tatami – le samouraï
- l'arabe : le bazar – le pacha – le muezzin – la razzia – l'alcool – la baraka – l'élixir – un gourbi
- le russe : le mazout – un cosaque – une datcha – la steppe – une isba – la vodka – la toundra – la troïka
- les langues nordiques : un fjord – un drakkar – un geyser – un homard – le ski – un troll – le fartage – une saga – le sauna
- les langues africaines : le baobab – le chimpanzé – la banane – le zèbre

REMARQUES

1 Les noms d'origine étrangère peuvent conserver le pluriel de leur langue, mais le pluriel du français s'impose le plus souvent.

un rugbyman → des rugbymen / des rugbymans
un box → des boxes / des box

un sandwich → des sandwiches / des sandwichs
un concerto → des concerti / des concertos

2 Pour les noms composés d'origine anglaise, seul le second mot prend la marque du pluriel.
des week-ends des skate-boards

3 À l'écrit, il faut penser qu'il existe peut-être un mot français avant d'utiliser certains mots anglo-saxons. Il est préférable d'écrire :

baladeur plutôt que walkman
présentateur plutôt que speaker

Les mots hérités du latin

Certains mots ou expressions latines sont encore employés aujourd'hui. Ils sont **parfois légèrement déformés** ; par exemple, ils peuvent prendre des accents alors qu'il n'y en a pas en latin.
le minimum un spécimen un référendum
un junior un mémento

Mais le plus souvent, ils ont été **adoptés sans aucune modification.**
un alter ego : un autre moi-même
un casus belli : un acte susceptible d'entraîner une guerre
un modus vivendi : un accord entre deux parties opposées

85 LES PARONYMES – LES BARBARISMES – LES PLÉONASMES

La langue française recèle des pièges qu'il faut savoir éviter.

Les paronymes

- Certains mots ont des formes et des prononciations proches, ce sont **des paronymes**.

Pour choisir le terme correct, il faut bien examiner le sens de la phrase.

écouter les **prévisions** météorologiques
faire des **provisions** de nourriture

faire **allusion** à un fait nouveau
faire **illusion** pendant quelques minutes

prononcer une **allocution** importante
toucher une **allocation** de chômage

- La phrase peut être incorrecte ou incompréhensible lorsqu'on emploie un mot pour un autre.

Il ne faut pas écrire :
Les syndicats agitent le **sceptre** du chômage.
Mais :
Les syndicats agitent le **spectre** du chômage.

REMARQUE

Les humoristes utilisent parfois délibérément les paronymes pour nous faire sourire.

Il était fier comme un bar-tabac. (au lieu de comme Artaban)
Je vous le donne Émile. (au lieu de je vous le donne en mille)
avoir des papiers en bonne et difforme (au lieu de en bonne et due forme)
un ingénieur à Grenoble (au lieu d'un ingénieur agronome)

Les barbarismes

Quand on déforme un mot, on commet **un barbarisme.**
avoir des problèmes **pécuniaires**
Et non : avoir des problèmes **pécuniers** (même si l'on dit des problèmes financiers)

REMARQUE

L'origine du mot *barbarisme* est grecque. Dans la Grèce antique, un barbare était un étranger qui déformait la langue de la cité lorsqu'il s'exprimait.

Les pléonasmes

Lorsqu'on emploie consécutivement deux mots qui signifient la même chose, on commet **un pléonasme.**
Avant de partir en promenade, j'ai **ajouté en plus** des vêtements chauds.
(Lorsque l'on ajoute quelque chose, c'est évidemment en plus.)
Quand mes camarades sont sortis, je les **ai suivis derrière.**
(Si l'on suit quelqu'un, on se trouve derrière lui.)
Béatrice nous présente une **double alternative.**
(Une alternative, c'est déjà un choix entre deux possibilités.)

REMARQUE

L'expression *au jour d'aujourd'hui* est incorrecte.
Aujourd'hui est la contraction de deux mots : *au jour* et *hui* (qui vient du latin et qui veut dire *ce jour-ci*). *Aujourd'hui* veut donc dire : *Au jour de ce jour-ci,* ce qui constitue déjà un pléonasme. Si l'on ajoute encore *au jour d'* devant ce mot, cela veut dire : *Au jour du jour de ce jour-ci !*
Cela fait beaucoup pour un seul jour !

86 DES ANOMALIES ORTHOGRAPHIQUES

Pour trouver l'orthographe d'un mot, on peut s'aider d'un mot de la même famille.

Les mots qui ont le même radical

Les mots, qui ont le même radical et un rapport de sens, appartiennent à **la même famille.**

l'existence → exister → le son (an) s'écrit avec un ***e***
immense → mesure → s'écrit avec un ***e*** et un ***s***
le pouls → pulsation → s'écrit avec un ***l*** et un ***s***

Les noms dérivés de verbes

- Les noms dérivés des verbes en ***-guer*** et ***-quer***, formés avec les suffixes en ***-a (-age, -ation, -aison, -abilité, -ateur...)*** ou ***-o*** (***-on***) perdent le ***u*** après le ***g*** et transforment, le plus souvent, le ***qu*** en ***c***.

fatiguer → la fatigabilité   *évoquer* → l'évocation

Exceptions : le piquage – un attaquant – un trafiquant – un pratiquant

- Pour les noms formés avec le suffixe ***-eur***, le radical est conservé.

fuguer → un fugueur   *marquer* → un marqueur

Cas particuliers

Dans une même famille :

- des mots contiennent une consonne double et d'autres une consonne simple ;

la sonnerie / la sonorisation   l'honneur / honorer

no**mm**er / no**m**inal
une mo**nn**aie / mo**n**étaire
la cha**rr**ue / le cha**r**iot
ba**tt**re / comba**t**if

- on peut trouver des modifications d'accents ;

la gr**â**ce / gr**a**cieux
extr**ê**me / l'extr**é**mité
le s**é**chage / la s**è**cheresse
la r**è**gle / r**é**gler

- on peut trouver des anomalies.

ceindre → la ceinture / un cintre
le vent → venté / un vantail

Mots dont la prononciation n'est pas strictement conforme à l'orthographe.

la f**em**me
sol**e**nnel
la sol**e**nnité
sol**e**nnellement
l'auto**m**ne
conda**m**ner
se**c**ond
la se**c**onde
se**c**ondaire
se**c**onder
un para**s**ol
un tourne**s**ol
vrais**e**mblable
la vrais**e**mblance
l'a**qu**arelle
l'a**qu**arium
a**qu**atique
l'é**qu**ateur
é**qu**atorial
le zin**c**

l'é**qu**ation
quadragénaire
quadriennal
quaternaire
é**qui**latéral
un **qu**adrilatère
un **qu**adrupède
des **qua**druplés
un **qu**atuor
un s**qu**are
le po**ê**le
la po**ê**le
po**ê**ler
un f**aon**
un p**aon**
un t**aon**
monsieur
mess**ieurs**
un ga**rs**
inter**p**eller

un exam**en**
un poll**en**
un ag**en**da
un p**en**tagone
un alb**um**
un géran**ium**
un musé**um**
du rh**um**
un sér**um**
le référ**endum**
le f**ai**san
f**ai**sandé
f**ai**sable
la vi**ll**e
tranqui**ll**e
le baci**ll**e
le mi**ll**ion
mi**ll**e
le mi**ll**iard
imbéci**ll**ité

87 LES ADVERBES

Les adverbes sont des mots invariables.

Règles générales

• Les adverbes modifient le sens :
– d'un **verbe** ;
Axel aide **volontiers** ses camarades.
Axel aide **souvent** ses camarades.
Axel aide **parfois** ses camarades.
Axel aide **rarement** ses camarades.

– d'un **adjectif** ;
Ce café est **très** chaud.
Ce café est **plutôt** chaud.
Ce café est **assez** chaud.
Ce café est **extrêmement** chaud.

– d'un **autre adverbe**.
Ces vêtements coûtent **trop** cher.
Ces vêtements coûtent **finalement** cher.

• Il existe des adverbes de manière (*plutôt – mieux – bien...*), de lieu (*ici – partout – ailleurs...*), de temps (*jamais – tard – autrefois...*), de quantité (*assez – encore – trop...*), d'affirmation (*vraiment – bien sûr – sans doute...*), de négation (*ne ... guère – ne ... pas – ne ... point*).

REMARQUES

1 Les adverbes placés avant les adjectifs qualificatifs ne s'accordent pas.

une ligne **bien** droite – des traits **bien** droits

2 Certains adverbes (*jamais – toujours, volontiers – ailleurs – auprès – dehors – dessus – dessous...*) sont terminés par un *-s* muet.

3 Les adverbes *debout, ensemble, pêle-mêle, à demi* sont invariables.

Les spectateurs sont restés **debout**.
Les joueurs sont restés **ensemble**.
Les pièces du puzzle s'étalent **pêle-mêle** sur la table.
La statue est à **demi** recouverte d'un voile blanc.

Cas particuliers

- **Les locutions adverbiales** sont des groupes de mots équivalant à des adverbes.

Ce café est assez chaud.
Ce café est **à peu près** chaud.
Axel aide parfois ses camarades.
Axel aide **de temps en temps** ses camarades.
Ces vêtements coûtent trop cher.
Ces vêtements coûtent **sans doute** cher.

- **Certains adjectifs** sont employés comme des adverbes ; ils sont alors invariables.

Ce monsieur est fort (musclé). → adjectif
Ces messieurs sont forts (musclés). → adjectif
Ce monsieur parle **fort** (beaucoup). → adverbe
Ces messieurs parlent **fort** (beaucoup). → adverbe

- L'adverbe peut parfois jouer le rôle d'un **déterminant**.

Avec *un peu*, l'accord du verbe se fait au singulier :
Un peu de repos vous ferait du bien.
Avec *beaucoup de*, il se fait au pluriel :
Beaucoup de personnes habitent la région parisienne.

88 LES ADVERBES DE MANIÈRE EN *-MENT*

Les adverbes de manière en *-ment* sont formés à partir d'un adjectif qualificatif, généralement féminin.

brave – brave → brave**ment**
brutal – brutale → brutale**ment**
doux – douce → douce**ment**
naturel – naturelle → naturelle**ment**
dur – dure → dure**ment**
curieux – curieuse → curieuse**ment**

Comment orthographier les adverbes en *-ment* ?

• Dans certains cas, on place un accent sur le ***e*** qui précède la terminaison ***-ment***.

confus – confuse → confus**é**ment
énorme – énorme → énorm**é**ment

• Les adverbes correspondant à des adjectifs terminés au masculin par ***-é, -ai, -i, -u*** sont formés à partir de l'adjectif masculin.

aisé → **aisé**ment — vrai → **vrai**ment
infini → **infini**ment — résolu → **résolu**ment

On ajoute quelquefois un accent circonflexe sur le ***u***.

assidu → assid**û**ment — cru → cr**û**ment

• Les adverbes formés à partir d'adjectifs terminés par le son (an), s'écrivent :

-emment, s'ils sont formés à partir d'adjectifs terminés par ***-ent*** ;

impati**ent** → impati**emment** — prud**ent** → prud**emment**

-amment, s'ils sont formés à partir d'adjectifs terminés par ***-ant***.

suffis**ant** → suffis**amment** — brill**ant** → brill**amment**

REMARQUES

1 Pour ne pas confondre les adverbes, les noms et les adjectifs terminés par le son (an), on remplace :
– l'adverbe (invariable) par l'expression *de manière...* ;

Les savants sont **généralement** des personnes modestes.
Les savants sont **de manière générale** des personnes modestes.

– le nom (variable) par un autre nom ;

Ces savants étudient les **glissements** de terrains.
Ces savants étudient les **modifications** de terrains.

– l'adjectif (variable) par un autre adjectif.

Ces rues portent les noms de savants **éminents**.
Ces rues portent les noms de savants **célèbres**.

2 On ne peut pas former des adverbes de manière avec tous les adjectifs qualificatifs (*immobile, content, familial, fameux, aigu, lointain...*).
Au lieu de l'adverbe, il faut alors employer une périphrase.

Les enfants ouvrent leurs cadeaux **en famille**.
Les enfants ouvrent leurs cadeaux **d'un air content**.

89 LES PRONOMS POSSESSIFS, DÉMONSTRATIFS, INDÉFINIS

Les pronoms remplacent généralement un groupe nominal déjà mentionné afin d'éviter une répétition.

Les pronoms possessifs

- **Le pronom possessif** remplace un groupe nominal dont le déterminant peut être adjectif possessif.

Gloria enfile son pull ; **le mien** est introuvable.
Ces meubles sont en merisier ; **les nôtres** sont en acajou.

- Les pronoms possessifs des première et deuxième personnes du pluriel prennent **un accent circonflexe** ; les adjectifs possessifs n'en ont pas.

Notre appartement domine le parc municipal ; **le vôtre** donne sur le gymnase.

singulier			pluriel		
1re pers.	2e pers.	3e pers.	1re pers.	2e pers.	3e pers.
le mien la mienne les miens les miennes	le tien la tienne les tiens les tiennes	le sien la sienne les siens les siennes	le nôtre la nôtre les nôtres	le vôtre la vôtre les vôtres	le leur la leur les leurs

Les pronoms démonstratifs

• **Le pronom démonstratif** remplace un groupe nominal dont le déterminant peut être un adjectif démonstratif.
Je suis devant les boutiques ; enfin **celles** qui sont ouvertes !

• Le pronom démonstratif ***ce*** subit l'élision devant toute forme du verbe *être* commençant par une voyelle, ainsi que devant le pronom personnel *en*.
C'est le début du printemps. **C'**était un jour de fête.
C'en est fini de ce travail.

			masculin	féminin	neutre
formes simples		sing.	celui	celle	ce
		plur.	ceux	celles	
formes composées	démonstratifs proches	sing.	celui-ci	celle-ci	ceci
		plur.	ceux-ci	celles-ci	
	démonstratifs lointains	sing.	celui-là	celle-là	cela – ça
		plur.	ceux-là	celles-là	

Les pronoms indéfinis

Le pronom indéfini remplace un groupe nominal dont le déterminant peut être un adjectif indéfini.
Tout le nécessaire manque. → **Tout** manque.
Les pronoms indéfinis sont nombreux :
aucun – autre(s) – autrui – chacun(e) – certains – personne – nul – plusieurs – quiconque – tout, tous – la plupart...

INDEX DES NOTIONS CLÉS

A

a, as, à . . . 83
abréviations . . . 122
accents
  aigu . . . 118
  circonflexe . . . 118
  grave . . . 118
accords de l'adjectif qualificatif
  épithète ou attribut . . . 36
  particularités . . . 40
accords du participe passé
  des verbes pronominaux . . . 76
  employé avec *avoir* . . . 70
  employé avec *être* . . . 64
  précédé de *en* . . . 74
  suivi d'un infinitif . . . 75
accords du verbe . . . 52
  cas particuliers . . . 56, 58
adjectif verbal et participe présent . . . 114
adjectifs composés . . . 33
adjectifs numéraux . . . 44
adjectifs qualificatifs
  de couleur . . . 42
  de nationalité . . . 116
  féminin des . . . 30
  loin du nom . . . 40
  pluriel des . . . 32
adverbes . . . 192
  en *-ment* . . . 194
ai, aie, aies, ait, aient . . . 83
-ai, -aie, -et (noms en) . . . 150
-ail, -aille (noms en) . . . 134
-ail, -ails, -aux (noms en) . . . 25
aïeuls, aïeux . . . 25
anomalies orthographiques . . . 180
apostrophe . . . 120
apposition . . . 38
attribut . . . 36
-au, -aud, -aut, -aux (noms en) . . . 148
aujourd'hui . . . 179
auquel, auxquels . . . 89

B C

-b (*-m* devant) . . . 128, 130, 140
barbarismes . . . 178
béni, bénit . . . 35
-c ou *-qu* . . . 115, 126
ça, çà, sa . . . 105
ce (c'), se (s') . . . 91
cédille . . . 120
celui, celle, ceux . . . 187
c'en, s'en, sans . . . 100
ces, ses . . . 92
c'est, ce sont ; c'était, c'étaient . . . 96
c'est, s'est . . . 93
ceux . . . 91
-ch, -ck, -k, -qu . . . 126
chacun . . . 87
chaque . . . 46
-cial, -tial (mots terminés par) . . . 173
-ciel, -tiel (mots terminés par) . . . 173
compléments
  de l'adjectif . . . 36
  de nom . . . 39
  d'objet direct . . . 66
  d'objet indirect . . . 68
conséquent . . . 117
consonnes doubles . . . 142
  après voyelle initiale . . . 144
consonnes finales muettes . . . 164
couleur (adjectifs de) . . . 42

D

dans, d'en . . . 101
demi- . . . 41
dés- (préfixe) . . . 172

INDEX DES NOTIONS CLÉS

desiderata 27
déterminants 48
deux-points 16
dialogue (ponctuation du) 17
difficultés orthographiques 180
doubles consonnes 142, 144

E

-e- muet intercalé 169
-é ou *-ée* (noms féminins en) 152
-é ou *-er* (noms masculins en) 152
-é ou *-er* (participe passé en *-é* ou infinitif en *-er*) 78
-eau (noms en) 148
-ée (noms masculins en) 152
-eil ou *-eille* (noms en) 135
en (participe passé précédé de) 74
en (pronom) 60
en- (préfixe) 172
envi (à l') 117
épithètes (adjectifs) 36
est, es, et 82
-et (noms en) 150
être (participe passé employé avec) 64
-euil ou *-euille* (noms en) 135
-eur, -eurre, -eure, -eurt (noms en) 146

F

(f) écrit *ph* 132
familles de mots 180
féminin
  des adjectifs qualificatifs 30
  des noms 22
finales en (l) 158
finales en (r) 160
finales sonores 141
forme interrogative 10
formules de politesse 65, 87

G

g- ou *gu-* (noms en) 136
genre des noms 20
groupes de verbes 51
groupe nominal (accords dans le) 48
guillemets 17

H

h- (mots commençant par un) 166
-h- muet intercalé 168
homonymes distingués par l'accent 119
homonymes lexicaux 174
homographes 175

I J K

-i (noms en) 154
-i ou *-it* (participe passé en *-i* ou verbe en *-it*) 80
-ie (noms masculins en) 154
-il (noms en) 159
-ill ou *-y* 134
in- (préfixe) 172
indéfinis
  adjectifs 46
  pronoms 187
infinitif 50
  participe passé suivi d'un 73
interrogation (point d') 10
interrogative (forme) 10
inversion du sujet 56
-is ou *-it* (participe passé en *-is* ou verbe en *-it*) 80
jadis (naguère) 116
k-, ck-, ch-, qu- 126

L

la, l'a, l'as, là 104
lettre *h-* (en début de mot) 166

INDEX DES NOTIONS CLÉS

lettre -*h*- intercalée **168**
lettre *j* **137**
lettre *x* **170**
lettre *z* **125**
le, la, les, l' devant le verbe **57, 60**
ledit, lesdits, ladite **117**
lequel, laquelle, lesquels, lesquelles **89**
lettre finale d'un nom **164**
lettres muettes intercalées **168**
leur placé près du verbe **61**
locutions adverbiales. **183**

M

-*m* devant -*m*, -*b*, -*p*. **128, 130, 140**
maint **46**
majuscule (principaux cas) **18**
même(s). **86**
mots
- familles de. **180**
- invariables **182**
- issus du latin **177**

mots commençant par
- *ab-, ad-, am-* **144**
- *ac-, acc-* **144**
- *aff-, eff-, off-* **133**
- *ag-, agg-*. **145**
- *at-, att-*. **145**
- *am-, an-* **145**
- *éc-* **145**
- un *h* muet. **167**
- *il-, ir-, im-*. **145**

mots terminés par
- le son (o ouvert m). **141**
- le son (om). **141**
- le son (èn) **141**
- le son (am). **141**

N

naguère (jadis). **116**
ni, n'y. **99**
nom(s)
- composés. **28**
- d'origine étrangère **176**
- étrangers (pluriel des). **27**
- féminins en -*é* ou -*ée* **152**
- féminins en -*té* ou -*tié*. **152**
- masculins en -*er*, -*é*, -*ée* **152**
- ou verbe ? **62**
- pluriel des **24**
- propre, ou adjectif de nationalité, ou nom commun **116**
- propres (pluriel des) **26**
- toujours pluriels. **25**
- toujours singuliers. **25**

noms en
- *-ail(le), -eil(le), -euil(le)* **135**
- *-al, -ale, -alle, -âle*. **158**
- *-ance, -ence, -anse, -ense*. **162**
- *-ard, -ar, -art, -are* **160**
- *-eau, -au, -aud, -aut, -aux* **148**
- *-el, -elle* **158**
- *-aire, -er, -erre, -ert*. **160**
- *-et, -ai, -aie* **150**
- *-eur, -eure, -eurre, -eurt* **146**
- *-i, -ie, -it, -ix*. **154**
- *-il, -ile, -ille, -yl, -yle* **159**
- *-ir, -ire* **161**
- *-oi, -oie, -oit, -oix*. **157**
- *-oir, -oire* **147**
- *-ol, -ole, -olle, -ôle*. **159**
- *-or, -ore, -ort, -ord* **161**
- *-ot, -oc, -op, -os, -o* **148**
- *-ou, -oue, -ous, -out, -oux* **156**
- *-u, -ue, -ut, -us, -ux* **155**
- *-ule, -ul*. **159**
- *-ure, -ur* **161**

nu (accords). **41**
nul **46**
numéraux (adjectifs) **44**

INDEX DES NOTIONS CLÉS

O

-oi (noms en) 157
-oir, -oire (noms en) 147
-oire (adjectifs en) 147
on (sujet) 54
ont, on, on n' 94
où, ou 111
-ou, -oue (noms en) 156

P

-p (*-m* devant) 128, 130, 140
parce que, par ce que 112
parenthèses 16
participe(s) passé(s) 34
  des verbes pronominaux 76
  employé avec *avoir* 70
  employé avec *avoir* (accords particuliers) 72, 74
  employé avec *être* 64
  employé comme adjectif 34
  en *-é* ou infinitif en *-er* ? 78
  en *-i* ou verbe en *-it* ? 80
  épithète en *-is* ou verbe en *-it* ? 80
  épithète en *-u* ou verbe en *-us* ? 80
  épithète ou attribut 36
  précédé de *en* 74
  suivi d'un infinitif 72
participe présent et adjectif verbal 114
particularités de l'accord de l'adjectif qualificatif 40
peu, peut, peux 108
ph (le son (f) écrit) 132
phrase impérative 11
pléonasmes 179
pluriel
  des adjectifs qualificatifs 32
  des noms 24
  des noms composés 28
  des noms étrangers 27
  des noms propres 26
plus tôt, plutôt 107
point(s) 10
  de suspension 14
  deux-points 16
  d'exclamation 11
  d'interrogation 10
  -virgule 14
possible (accords) 40
pourquoi, pour quoi 113
préfixes 172
près, prêt(s) 106
pronoms
  démonstratifs 187
  indéfinis 187
  personnels compléments 60
  possessifs 186

Q

qu-, ch-, k-, ck- 126
-qu ou *-c* 115, 126
qualificatifs (adjectifs)
  accords particuliers 34, 40
  féminin des 30
  pluriel des 32
quand, quant à, qu'en 110
quel(s), quelle(s), qu'elle(s) 88
quelque(s), quel(s) que, quelle(s) que 102
qui (sujet) 55
quoique, quoi que 112

R

-r (finale sonore) 160
re- (préfixe) 172

INDEX DES NOTIONS CLÉS

S

-s (finale sonore) 124
sa, ça, çà 105
sais, sait, c'est, s'est 93
sans, sent, s'en, c'en 100
-sc- (son (s)) 124
se (s'), ce (c') 91
semi (accords) 41
ses, ces 92
si, s'y 98
sigles 123
soi, soit, sois 97
soi-disant 97
sons
- (s) 124
- (z) 125
- (an) 128
- (è) 130
- (f) 132
- (ye) 134
- (g) 136
- (je) 137
- (e muet) 138
- (eu ouvert) 139
- (eu fermé) 139
- (on) 140

sont, son 90
suffixes 173
sujet
- apparent 57
- collectif 56
- inversion du 56
- *on* 54
- *qui* 55
- réel 57
- *tu* 54

symboles 123

T

-té ou *-tié* (noms féminins en) 152
tel 46
-tion, -tia, -tie (son (s)) 124
tout, toute, tous, toutes 84
trait d'union 121
tréma 120
tu (sujet) 54

U V

-u, -ue, -ut (noms en) 155
-ul, -ule (noms en) 159
-um (finales sonores en (o ouvert m)) 141
-ur, -ure (noms en) 161
verbe ou nom ? 62
verbe(s)
- accord du 52
- accords particuliers 56, 58
- en *-eler* et *-eter* (conjugaison) 143
- groupes 51
- pronominaux 51, 76
- se terminant par *-eindre* ou *-aindre* 131
- se terminant par *-guer* 136

virgule 12
voir, voire 117
vous (formule de politesse) 65, 87

X Y Z

x (la lettre) 170
-x (noms singuliers terminés par) 24
y (pronom) 60
-y ou *-ill* 134
(z) (le son) 125

Achevé d'imprimer en Roumanie par G. Canale & C S.A.
Dépôt légal: Décembrie 2011. Edition: 01 16/0865/2